DISCLAIMER

The author and publisher are providing this book and its contents on an "as is" basis and make no representations or warranties of any kind with respect to this book or its contents. The author and publisher disclaim all such representations and warranties, including but not limited to warranties of merchantability. In addition, the author and publisher do not represent or warrant that the information accessible via this book is accurate, complete, or current.

Except as specifically stated in this book, neither the author nor publisher, nor any authors, contributors, or other representatives will be liable for damages arising out of or in connection with the use of this book. This is a comprehensive limitation of liability that applies to all damages of any kind, including (without limitation) compensatory; direct, indirect, or consequential damages; loss of data, income, or profit; loss of or damage to property; and claims of third parties.

This Book Offers Free Bonus Puzzles

Available Here:

BestActivityBooks.com/WSBONUS20

5 TIPS TO START!

1) HOW TO SOLVE

The Puzzles are in a Classic Format:

- Words are hidden without breaks (no spaces, dashes, ...)
- Orientation: Forward & Backward, Up & Down or in Diagonal (can be in both directions)
- Words can overlap or cross each other

2) LEVEL UP THE GAME!

A space is provided next to each word to write new ones, translations or notes. We also offer a convenient **NOTEBOOK** at the end of this edition. It can help you organize your annotations, new words and/or observations.

3) TAG YOUR WORDS

Have you tried using a tag system? For example, you could mark the words which have been difficult to find with a cross, the ones you loved with a star, new words with a triangle, rare words with a diamond and so on...

4) EASY TO CUT!

The Puzzles come with an Extra Large margin to easily cut the page out of the book. Some people may feel it more convenient to solve them this way.

5) FINISHED?

Go to the bonus section: **MONSTER CHALLENGE** to find a free game offered at the end of this edition!

Want **more fun** and activities to **relax? It's Fast and Simple!** An entire Game Book Collection **just one click away!**

Find your next challenge at:

BestActivityBooks.com/MyNextWordSearch

Ready, Set... Go!

Did you know there are around 7,000 different languages in the world? Words are precious.

We love languages and have been working hard to make the highest quality books for you. Our ingredients?

One part easy-to-read print, three parts entertainment, then we add some challenging words and a pinch of rare ones. We brew them with care to serve you lots of fun and an opportunity to solve the best puzzles.

Your feedback is essential. You can be an active participant in the success of this book by leaving us a review. Tell us what you liked most in this edition!

Here is a short link which will take you to your Amazon orders review page.

BestBooksActivity.com/Review50

Thanks for your fidelity and enjoy the Game!

Delta Classics Team

Puzzle 1

```
エ ソ 私 レ 多 ヱ が 解 ひ 合 狙 近 れ 進 ソ
場 能 画 向 ビ ぎ 論 に ま で ヒ く 覧 で リ
の き だ 権 ス ュ ジ カ 登 よ ド 金 阪 嶋 ュ
ト 開 グ ッ バ ル ー ク ス 退 る 方 ぽ 囚 ー
ス ス 登 選 ベ ラ ネ も 愛 き 加 ヌ ハ 狙 シ
ジ イ 場 海 タ ュ マ 乏 登 ふ ヌ で 育 ひ ョ
レ カ 故 ハ ッ チ じ は 報 情 で 通 私 ト ン
ニ ー ト 登 チ ナ 加 い で 登 進 チ ス 室 キ
読 重 リ っ 所 テ ス ト 、 写 進 ろ ハ ニ ト
嶋 再 歩 く ぎ 故 ク ょ チ 故 ろ ハ タ ー ャ
ふ っ ホ ノ ニ 側 ッ ル ー ク ォ ー フ お キ
む く ま ん 登 会 ォ エ ズ ー ェ フ お 画 側
セ 重 だ 能 向 妊 フ ニ 。 重 じ ぽ れ コ カ
ト 暫 お く き れ い ろ 妊 ツ 然 ス 投 進 
```

タッチ	ニート
クォーター	工場の
情報は	きれい
マネージャが	レビュー
ソリューション	スクールバッグ
テスト	フェーズ
キャットキン	レジストの
はい、チーズ。	による
ナチュラル	近くで
フォックス	スイカ

Puzzle 2

オ 読 覧 き 会 結 然 何 エ 所 ヌ 何 ひ 応 し
摘 一 だ ス プ ー ン 向 側 ド 金 覧 愛 私 覧
ソ サ プ 品 揃 え っ 百 選 祖 父 は 的 話 方
イ エ 安 ナ ハ イ ラ イ ト 場 一 般 話 論 な
や ン 愛 多 ー る 会 博 日 曜 日 登 通 乏 愛
無 む タ む コ リ れ 室 物 加 阪 画 っ 弱 ど
リ 開 お ビ 歩 育 に 合 館 レ 日 は 弱 意 失
べ む 出 ェ 詰 め 一 た 私 ッ 実 ひ も っ た
ふ 再 ま 解 暫 大 な の カ わ 際 要 な ア 乏
て ス サ 壮 大 の モ ボ ー せ 必 ラ イ 弱 ひ
ポ ケ ッ ト つ コ だ ー ド ン 要 イ る ぐ ま
ス ト る つ ク ト ま ド ブ れ ラ ソ ヌ ズ お
暫 ソ ド 暫 ク 読 摘 コ 覧 話 ソ ヌ ぐ ど
投 ド 何 ニ 読 ハ 妊 サ ク ろ も 論 意 お

一般的な   祖父は
ポケットの   ボード
スプーン   必要なもの
ブドウに   博物館は
日曜日   壮大な
実際に   インタビュー
オープナー   失った
のために   アイランド
品揃え   サイズ
詰め合わせ   ハイライト

Puzzle 3

```
き ト む 側 暫 応 だ ぎ 写 ぐ の ト ニ 増 場
ス ツ ー ル ル ラ 登 化 エ ろ よ と ど や ノ
能 投 タ リ 室 ン 嶋 開 ハ 辞 う ぽ 常 す ど
ク 報 イ 出 ト チ 報 室 教 阪 な 非 の に 認
ま で ラ ぐ ノ 論 ニ ま 育 ざ ひ 社 利 だ め
ア ヒ ル の 子 論 ひ ク の ニ の ぽ 益 ゃ る
サ ン ド イ ッ チ モ ホ て 写 海 の を る あ
ニ ニ よ 出 快 適 さ ノ 通 じ 中 利 取 っ が
ぎ 再 せ り ヒ 囚 結 場 安 飛 合 止 を 場 値
ラ ッ プ も モ ニ 狙 意 行 ひ を を っ サ 価
ヱ ぎ や 何 芸 、 せ せ 機 ト に 写 む コ ヒ
ょ 無 投 所 何 覧 ど エ も 写 る っ 金 か 覧
ス ス む べ 暫 狙 エ ょ 安 ん 。 た か ソ 分
カ し 京 応 狙 ろ ク だ 重 リ ソ コ ふ リ ぼ
```

スツール	中止をに
のような	ランチ
認める	飛行機
教育の	快適さ
トリート	取った
ライター	非常に
価値がある	の利益を
増やす	分かった。
サンドイッチ	アヒルの子
ラップ	よりも、

Puzzle 4

投 権 本 場 ひ 開 会 ヱ 京 場 テ 再 読 芸 結
っ ス 嶋 親 母 の の ノ ワ や 投 加 愛 画 の
困 ヱ 狙 狙 私 ラ 狙 狙 報 ー 気 考 摘 両 態
ら ト 十 分 ペ メ ト ト モ ム ノ る え 方 状
せ に 摘 ド ア ア ス ス 愛 海 イ が 陽 く 故
る ひ ロ も ニ ニ ー ウ 多 向 が が が 加 バ
登 圧 応 論 キ ノ ラ ラ だ フ カ タ 応 レ お
プ ざ 論 応 ツ キ ブ ブ し ロ 開 イ 社 母 ニ
ヱ ニ ひ 阪 ネ 阪 ノ 本 本 ア 場 ン さ ょ エ
進 ヱ ょ 場 解 リ 阪 解 解 を 精 社 ん フ ょ
ぐ 金 歩 解 ク 芸 会 も れ ル 本 つ 側 ァ 側
ま も ニ コ ニ 社 ヱ 応 応 ま ハ ク 乏 ミ ゅ
ひ を 壊 崩 崩 登 応 報 報 の 解 芸 解 リ ぎ
向 摘 せ 側 壊 会 サ 金 金 ふ っ 多 せ ー 意

陽気が	メール
憎しみの	崩壊を
の母親	十分に
困らせる	アート
フロアを	お母さんが
ペース	ブラウス
の両方が	ワーム
状態の	キツネ
考える	ドロップ
ファミリー	バレンタイ

Puzzle 5

```
ト エ オ ツ 無 ぎ 私 社 ニ 再 応 ニ ょ 愛 ひ 危
単 一 の 一 妊 お ぽ 安 ざ ょ 再 リ 圧 カ で 険
再 し ス 何 デ 海 弱 だ ぎ 場 阪 精 ホ ろ 精 な
然 話 ク ヱ ニ 故 ド 育 意 じ 読 き ソ リ ヒ ニ
所 っ ッ 能 場 シ 加 ま 覧 お 芸 報 リ ひ ゃ ラ
投 ょ ボ 写 何 所 き ョ ぐ 欺 ざ ひ ソ 、 フ 多
ド 乏 ょ む て 加 覧 ト ど を く れ ト 最 リ 何
ツ 通 を 避 け ン 本 テ リ ぎ の 合 ひ 終 ア オ
ん 金 狙 ぼ 権 覧 報 メ 能 ょ い リ 、 的 ナ ブ
カ む ト コ 登 多 辞 お 祝 し 写 最 な グ ジ
つ ラ ラ ト ス ー 然 ピ し 悲 い 。 終 ェ
ル フ ス ー ピ 辞 ィ 利 用 し 的 な グ ク
囚 ひ キ ャ ビ ティ 利 用 で き る な グ ェ ク ト
て 全 体 で 卒 業 生 砂 ぼ ま 金 投 く マ ト
```

卒業生	単一の
を避け	欺くの
インテリ	危険な
悲しい。	アナグマ
お祝い	キャビティ
オーディションを	ピースフル
全体で	カラス
ボックスの	利用できる
フリー	メリット
オブジェクト	、最終的な

Puzzle 6

```
ん き ぽ も ド じ 私 海 能 テ 覚 る ゃ 海 に
に よ ス 無 べ 芸 ふ 所 ぽ エ 辞 投 え っ ス つ い
り 無 若 べ モ 退 結 れ 本 ニ ど ペ て 多 い て る
低 若 者 ど モ 育 画 サ キ ー ケ ュ ッ カ 応 多 勉
い 者 が ひ 能 ヱ タ ひ 出 ぎ ゅ や ひ 乏 せ 強 し
報 ツ ム ラ ビ タ ミ ン 類 や ょ か ん せ 現 な さ
出 読 ゅ 大 場 登 リ ヤ 因 ア か る だ 暫 れ い 。
百 だ ぼ 型 妊 ふ 動 変 更 す ニ ニ し カ る ま く
つ も エ ト ド ハ 機 金 向 ニ ノ ろ ろ 小 き で
へ だ エ ラ 退 ぽ 付 登 権 ノ ド ソ 画 麦 頼 い
ぎ 狙 ビ ッ サ ニ け お ん 登 セ ー 粉 信 で
っ 砂 は ク 芸 ゃ る 育 多 セ ー リ リ ホ ハ
権 ニ む ヱ 社 妊 登 ニ ラ ブ ー ー ー ブ く
べ で つ 出 ニ 場 多 化 ラ ろ ブ て
```

勉強しなさい。　　　　　ペット
若者が　　　　　　　　　現れる
やかん　　　　　　　　　スクリーム
について　　　　　　　　変更する
ラブリー　　　　　　　　ヤング
大型トラック　　　　　　より低い
小麦粉　　　　　　　　　ブリード
信頼できる　　　　　　　覚えている
動機付け　　　　　　　　カップケーキ
ヘビは　　　　　　　　　ビタミン類

Puzzle 7

バ ク 応 つ リ の ほ か 場 重 カ 育 室 不 サ
ッ ス ー ケ ク ッ ひ カ ベ ン 無 会 規 ろ ひ
ト テ つ ょ エ 記 阪 話 カ 覧 ト る 則 ざ 側
て ク ひ 開 ス 述 栄 素 開 登 意 愛 な リ リ
コ ニ ょ 圧 ト ふ す カ る 在 存 く ょ 歩 歩
レ 弱 に 赤 ち っ の 開 恐 て 愛 出 最 能 無
私 ひ と 百 ひ ん リ る れ ホ っ 最 終 お ト
せ ざ こ 結 王 摘 愛 選 芸 金 歩 チ 的 る 結
加 買 い に 室 通 育 会 金 室 だ ェ に っ っ
ク 許 た 嶋 の 本 場 て れ 歩 投 ン 能 金
む し が ク ひ ホ じ む 室 暫 テ 進
ま て り せ 故 題 問 ヱ る 社 つ 投 カ サ
む 側 あ シ ェ ル ぎ モ 解 ヒ れ 加 投 カ 金

王室の	赤ちゃんの
リクエスト	恐れて
記述する	カントリー
買いに	リージョン
不規則な	最終的に
バット	許して
チェンジ	存在する
ブックケース	のほか
ありがたいことに	問題の
栄養素	シェル

Puzzle 8

```
投 手 応 む プ お 多 カ だ 本 画 お だ 応 砂
ょ れ 続 の プ 願 パ ー ク ソ ぽ 知 べ お コ
妊 し 解 き レ い 所 向 論 れ ら せ ね 尋 論 安
ク や 能 驚 シ し 狙 じ っ ぎ 金 虚 ろ 妊 出 芸
妊 ぎ や ホ ス ま ヌ 社 謙 妊 ふ れ 登 投 っ
た お 解 囚 嶋 す ぎ 京 力 妊 る ド ニ 投 圧 社
か れ 暫 開 場 。 室 せ 解 ん ぼ 応 狙 ソ ぼ ニ
っ 芸 せ 避 難 の ざ 然 妊 持 て っ な く 遅
た ひ 出 歩 出 無 再 覧 っ ホ ま だ 摘 セ ぼ
ス ス だ 圧 セ 愛 嶋 せ ホ ラ 登 し 何 暫
ラ レ キ ャ ビ ン 芸 る ム ト ジ ッ レ ィ ヴ
ど セ ー タ マ 安 摘 場 多 化 砂 プ 精 登
ダ ン グ ル ぎ ソ 権 ど ょ 摘 お ヲ カ 報 結
解 セ 狙 ん ブ 然 権 化 ぐ ぽ お
```

キャビン	驚きの
お願いします。	お知らせ
トップ	マター
トラム	謙虚な
たかった	持って
パーク	プレシャス
手続き	尋ねられる
センセレス	避難の
遅くなって	ヴィレッジ
ブルー	ダングル

Puzzle 9

投 ひ 空 テ ざ ひ ぎ 私 る 能 高 無 せ 場 せ
愛 無 に ヒ ン ア 権 ド 暫 開 さ カ ル レ ぎ 出 故
ク ろ な ぽ 所 ト ト 論 ょ ダ を や 室 方 ス だ 所 こ
ん ホ っ 世 界 は ウ ミ お ス 誇 妊 ス ャ ヒ こ と
リ む て 捨 い 使 向 を む る 合 方 ヒ だ が
重 ん し 自 分 自 身 を レ ク 多 豆 ウ ろ で
登 場 育 歩 ニ 自 む ひ ッ ツ 場 ド ゅ 摘 き
再 育 っ レ ベ ル シ る 狙 ス 投 ウ を 無 方
ぼ 加 た ボ ク シ ン グ す コ ト ン エ む ろ
権 向 ゃ 起 京 こ り ま テ ポ リ エ 辞 ろ
安 モ 投 画 妊 少 数 テ ヌ ス 辞 ま 画 摘
場 芸 画 ま ニ 派 石 ヌ チ ま ソ レ
ナ ショ ナ ル 派 け 故 再 応 カ ソ レ ど き 方
会 開 ツ 然 ホ だ ん 再 応 カ ソ レ

ダスト	世界は
クラウド	ポスト
起こります	自分自身を
テントウムシ	アトミック
石けん	レッスンを
少数派	エンドウ豆を
使い捨て	ナショナル
空になってしまった	高さを誇る
ボクシング	レベル
ことができ	三角形

Puzzle 10

```
カ ょ 愛 ス 無 交 ス ニ 陪 審 員 砂 き 抱 重
レ 圧 も ノ 渉 っ ム す に て エ 側 き 圧 砂
金 、 ぽ ざ す ム 能 解 狙 然 ぐ ま し 解 圧
ま さ ス 化 る タ じ 開 だ セ チ め ら 進 解
何 ま カ ワ ー ス ク ー 愛 社 周 ゅ れ 進 ト
進 ざ 多 ぎ ウ レ 応 タ ン ラ り の て ク 場
ゅ ま せ ト 場 ろ 向 バ ハ ト ス レ 故 ニ コ
エ な 応 ゃ ヌ ま ん ハ ひ 妊 化 私 サ の の
ひ 写 ま 圧 妊 天 だ ス れ ス 会 進 ド よ な
イ ポ ー ト 天 国 ケ コ っ 阪 む 天 使 う 権
過 イ ラ 開 国 ソ を 本 合 進 の よ ぽ 暫 報
半 レ コ イ 場 ひ サ サ 話 の ぽ う な 報 報
数 ト レ 摘 ト ょ せ っ ど 加 阪 芸 報 権 報
の 所 読 会 場 っ 加 ト ス コ 阪 リ 読 報 報
```

ソーダ	天国を
ハンバーグ	カスタムカスタム
陪審員	天使の
どのような	すぐに
レストラン	、さまざまな
過半数の	ライト
スクーター	交渉する
カワウソ	インポート
抱きしめられて	ケース
トレイン	周りの

Puzzle 11

阪 テ れ 金 暫 ざ れ 圧 辞 側 発 ノ ゅ 圧 無
方 ゃ 多 通 報 教 え ら た 明 し 推 能 る ラ
リ ベ 向 が ス ん ま あ り 訳 チ 測 申 ろ 出
意 ぐ 化 ド テ せ き り ひ し ェ ソ 応 を 二
の よ ど に の イ 続 合 し チ ー 投 話 ク 場
ハ う れ 、 ユ 連 愛 画 ぐ 安 ン チ ちゃ ぎ 砂
ン ま 自 ユ 乏 画 画 し ざ で 安 ゃ 進 ス 故
ド た じ 登 選 言 し 準 ツ ラ 能 ク 数 よ ス
ル 然 論 の 語 画 言 備 ト 京 ヌ ス 方 ざ 阪
自 る て 自 身 画 準 合 完 場 ウ の 投 出 ク
ど コ 私 ぎ 自 言 だ 権 権 ト ー 応 会 が む
だ ッ 論 進 だ だ ト ぐ ぐ っ ル ス 投 安 ど
私 ツ 二 な し 妊 マ ト ト き 摘 の 会 安 本
ヌ 金 私 あ ツ 砂 開 マ ト ビ ジ ネ ス 会 話

言語の
また、
のように
トマト
自分自身
発明し
ウールの
チェーン
教えられた
ユニット

ビジネスの
推測を
あなた自身の
、数が
申し訳ありませんが
の連続した
準備完了
ハンドル
急いで
ステイ

Puzzle 12

カ ぼ 暫 所 ひ 輝 ト エ 精 金 芸 ス れ 重 ぐ
ひ テ 登 き 囚 か ン ン く 私 能 ん 育 ょ ろ
だ 応 ゴ 側 ん し ま ジ 本 登 ん 育 向 ま 金
多 開 大 リ リ い ぎ ェ テ 場 果 ひ 側 妊 ヌ
キ く 胆 摘 ー ド ぎ ル ぐ っ ツ た ニ コ 投
写 ノ な て フ レ ハ ヘ っ 弱 ベ 結 す レ 応
ろ ヌ コ ぼ ォ イ ッ リ モ 権 コ 話 話 ク 百
金 レ カ 結 ウ ク ト コ だ じ 社 報 育 ト 故
画 通 イ エ 場 無 レ プ し 意 思 決 定 ク カ
故 ヱ ト リ テ モ 退 タ わ 写 適 し た 海 圧
妊 チ 阪 ア プ 阪 だ ー を 応 側 ニ 選 セ ゅ
ス ぼ く リ ッ ホ 側 に つ ま だ ル ひ ど 金
弱 百 ス ナ シ ヌ ま れ れ っ 向 ス っ 写 会
や 解 話 カ ュ 海 ゅ ん ゃ 能 も 読 場 囚 じ

スタンプ	しわを
ウォール	プッシュ
まれに	エリア
エンジェル	カイト
適した	キノコ
意思決定	輝かしい
ヘリコプターに	カナリア
ハット	コレクト
カテゴリー	果たす
大胆な	ドレイク

Puzzle 13

```
安 ダ 結 加 お ハ 能 ス フ 食 べ る 百 ド 安
ろ ウ カ お お む テ き リ に せ 二 再 加
登 ン つ ニ ば お ー 囚 ぐ ー 対 応 結 コ
ざ ス ル 権 あ 室 妊 ー 競 だ 進 す る 囚
シ テ 意 ま ち じ 狙 ジ 争 応 応 ム し 力
ャ ア も ス ゃ ニ 雪 権 の 停 か た
ー 選 出 ク ん 室 ざ だ ス 止 し 信 暫 リ
プ ロ ケ ッ の 意 妊 ス ト 無 じ 頼 二 ま
な 単 簡 ボ む ハ せ な 覧 故 性 然 モ
カ リ ブ ー 最 も 幸 育 通 歩 選 ど の 方 っ
や 方 ィ 退 側 育 芸 論 ひ 精 高 に ゅ
ひ ク テ ツ 室 も ヌ 無 お ル 芸 い な 結
権 も イ ノ 論 ヌ ざ エ 報 ょ 精 精 る や
愛 京 ネ く で 化 何 暫 ド っ 話 ど だ 精 出
```

ステージ
ダウンステア
フリーダム
シャープな
簡単な
カリブーが
競争の
ネイティブ
ハート
ロケット

信頼性の高い
しかし、
最も幸せな
停止しました
に対する
になる
ボックス
おばあちゃんの
食べる
雪だるま

Puzzle 14

保 た れ る 登 だ れ ノ つ れ 室 る 故 ぎ 百
ま し 別 識 ょ 、 原 子 立 サ チ ス ヌ 指 ど
ト ま ニ 画 し ヒ き 意 っ 権 ス だ 名 投 て
奇 し 然 何 す 百 ス ぎ て カ ま ヌ 手 配 能
妙 功 ヌ ふ べ 辞 圧 ス ケ ジ ュ ー ル お く
な 成 ヱ 金 き 辞 ス ぎ ジ ョ カ ォ ヌ 弱 会
ヌ 解 無 結 の キ サ チ ン ざ フ 再 摘 登
ス 精 進 る 側 タ 温 ぎ ソ 結 委 阪 ん サ
ゃ せ ア ぎ 食 ぽ 度 然 ー 能 員 会 お サ
や 報 テ ウ 写 ス 会 何 ス ソ エ 検 会 お 場
コ 嶋 コ 本 ひ エ 場 で フ 合 ト 査 の お コ
芸 ツ 結 会 ト ド 再 ァ ク ヱ ッ っ 方 ふ 所
サ 海 解 室 ス ス ン フ テ 然 本 っ 弱 ひ
内 部 の 金 育 所 ァ 登 レ ひ 火 曜 日 弱

立って   ファンド
スケジュール   温度計
ソース   すべき
奇妙な   キッチン
の夕食   フォーカス
成功しました   、原子
識別し   内部の
保たれる   指名手配
アウトドア   委員会
検査の   火曜日

Puzzle 15

```
狙 ペ レ ぐ 退 の 登 ル ル プ レ ス き 見 金
べ ク イ ッ 画 意 エ ラ イ ブ ラ リ を た て
ぐ ひ モ ン ド 側 出 ネ マ フ 論 解 じ 目 多
社 ぽ 応 ト サ 出 ヒ ル ギ ズ イ ジ ア ニ 読
ゃ 側 か ヌ べ ざ で オ ー 解 ー ボ ー ワ 所
に 向 が モ ぼ 安 本 ニ ニ ズ ウ ー ジ イ 社
欲 求 ぐ ふ 合 で 愛 阪 ュ カ ー 進 ル ル し
ま ス ひ 金 加 本 孤 ク シ シ 画 暫 ド ド た
辞 能 っ ヌ 育 愛 立 私 ぐ ぐ 方 報 ろ ろ が
安 つ ひ ド 育 孤 し 振 り り う 場 方 方 っ
ぽ 所 っ 通 壁 立 た ぽ る ト く く 再 再 て
ぎ 贈 り 物 を し れ ス 嶋 ス う ダ 私 私 狙
登 ヒ 投 弱 無 た 退 ふ 百 方 お 一 意 意 ま
所 投 方 リ だ ま 加 海 側 っ ゃ 多 一 合 ま
```

孤立した	贈り物を
フリージア	マイル
したがって	ペイント
ライブラリを	見た目
ワイルド	欲求が
のエネルギー	シューズ
ラウダー	レッド
振る舞う	オイル
プレス	に向かって
カウボーイ	完璧を

Puzzle 16

```
故 話 応 話 愛 方 ぎ ヱ ュ 阪 被 育 車 シ お
る れ 愛 結 ど 読 能 ホ シ 狙 害 テ 両 ョ ば
き 通 き っ 読 ス ス ア ッ 弱 者 キ は ッ あ
ア く 狙 然 レ ソ セ ニ ラ 辞 ふ ス 、 プ さ
ス タ も ソ リ ホ レ マ ク る ー 通 ス ん
ひ ノ 方 私 ホ れ ル 芸 カ ー ト ぎ 応 多
ハ リ 写 ニ 故 し ル 愛 ニ ョ シ エ ク コ
シ ェ ー 方 出 然 金 妊 在 レ っ ッ む ル
っ お ド チ す 読 言 っ 庫 芸 サ ツ ひ く
芸 て 私 場 能 る る 無 ェ あ テ ン コ 覧
通 コ 側 で 投 て と 権 場 り モ ト チ 乏
三 角 ゅ ぎ ぽ 知 パ 化 、 ス 大 囚 ノ 写
ヌ 失 形 の 知 し イ た 多 開 な 加 エ 画
ス ノ せ 読 ひ ま む 話 ン 百 ヌ き だ ぎ ろ
```

三角形の　　　　　ホッター
言った　　　　　　車両は、
既知の　　　　　　被害者
テント　　　　　　アニマル
莫大な　　　　　　テキスト
アタッチすると、　ショップ
パイン　　　　　　在庫あり
おばあさん　　　　シェード
失望しました　　　クラッシュ
主要な　　　　　　ショー

Puzzle 17

最 ジ セ エ レ つ 生 ょ モ 話 妊 サ 会 読 摘
近 ョ ガ チ ョ て き や サ 残 フ ン ダ モ 再
、 イ 阪 論 場 ひ ハ る フ る ィ グ く 能 写
ノ フ 有 解 権 引 サ 多 ト 育 ッ ラ ぎ 退 応
能 ル ス 能 た き ミ 暫 る ヌ シ ス ン シ チ
合 ニ 報 だ な 出 を 辞 多 覧 ュ 出 っ ャ ゃ
登 囚 テ 話 あ し 覧 砂 育 セ 再 セ 囚 海 弱
コ ひ ソ ル エ が 登 登 ラ 私 ふ ク 意 レ 所
ワ イ ル ド キ ャ ト ム 再 論 ゃ シ 味 暫 乏
歩 開 カ 囚 う ま の 故 論 暫 場 ョ 場 わ テ
百 投 ろ 男 性 く 故 一 暫 結 阪 ン ひ 阪 い
ざ ヒ カ 乏 キ の リ ア 阪 砂 登 意 ソ ぽ ん
通 多 ま 重 暫 圧 ア 再 結 を ろ ふ 権
開 だ べ べ 多 シ ナ モ ン を 登 再 っ

キャリア	うまく
フィッシュ	ジョイフル
味わい	セクション
引き出しが	有能な
サングラス	モダン
あなた	アーム
ガチョウ	ワイルドキャット
チャンス	ハサミを
生き残る	男性の
最近、	シナモンを

Puzzle 18

```
連 狙 登 覧 し 万 人 の 囚 カ ス 応 ニ で ヌ
邦 投 側 サ お サ 進 妊 マ ネ ー 無 ぎ っ せ
政 ナ 降 ト ッ ノ 金 権 ヤ ク ラ 合 イ ジ 圧 多 カ
府 イ セ は 、 カ に 男 ヱ リ ュ ま っ ジ む ど
の 下 ル 然 お で 人 の レ ス ま や ど き 妊
エ 愛 ギ 投 子 セ 他 の 写 ー ざ 金 阪 育
横 ネ エ ー お ふ 子 サ サ ぼ 多 や 権 画 場
選 妊 然 育 応 分 他 話 イ や ざ カ も 故
室 切 ハ 歌 こ 子 の や ヱ 愛 能 投
コ ト っ て っ ま く ヱ 芸 加 や
レ ス 応 進 百 と 解 ふ 権 出 ペ
ク 妊 ひ 権 意 っ 辞 応 室 で ン
シ セ 百 応 る ん 退 エ 権 占 が
ョ 二 囚 だ 方 愚 か な 占 め る
```

ジャッジ
ジュース
占める
下降は、
分子の
ナイト
男の子
コレクショ
連邦政府の
横切って

ペンが
マネー
愚かな
エネルギー
他の人に
万人の
歌うこと
サイクル
サッカーの
クライ

Puzzle 19

ヌ	ょ	ょ	ひ	ス	テ	読	べ	ハ	覧	読	ホ	出	嶋	多
つ	な	が	り	ト	ト	室	疲	る	せ	さ	ク	所	ょ	似
動	物	の	ゅ	リ	ぐ	画	弱	れ	フ	を	ー	報	報	た
お	だ	ひ	話	ー	精	ひ	化	さ	ィ	加	ド	迅	く	よ
方	ひ	精	開	ト	レ	り	だ	待	シ	ヌ	報	速	て	う
む	ょ	き	お	チ	登	セ	期	芸	ュ	ン	円	側	な	な
私	ク	百	歩	ふ	話	再	故	サ	ー	ま	京	形	応	の
ぼ	意	つ	ア	リ	ー	ナ	サ	ザ	ト	砂	ヱ	ぽ	育	だ
ざ	ま	教	何	愛	む	べ	せ	ニ	ン	育	ろ	ど	っ	チ
ト	百	え	む	カ	通	常	は	、	ヨ	っ	ど	出	多	意
読	摘	る	本	当	に	チ	者	方	レ	ド	出	ぐ	加	ニ
場	し	ヒ	ひ	レ	方	キ	学	ニ	ク	室	話	摘	向	合
ス	選	て	解	ぎ	サ	ン	科	ょ	ド	向	摘	再	結	化
ニ	砂	海	読	き	囲	き	側	精	リ	向	再	結	化	話

本当に
クレヨン
科学者は、
つながり
チキン
アリーナ
期待される
フィード
迅速な
ストリート

させる
教える
通常は
シュート
円形の
疲れた
サザン
似たような
動物の
エラーを

Puzzle 20

```
ア っ 百 ソ ょ っ ひ 妊 ニ 出 つ ん 最 フ ス
結 メ 私 圧 話 ひ ク 応 写 格 は 、 も リ ル
暫 モ リ 要 約 す る レ 価 は 結 社 幸 ー ー
複 雑 な カ の 快 私 ヨ れ 選 社 京 な ジ キ
選 能 ぼ ざ の 適 こ グ ン チ コ 京 こ ア ャ
安 安 ル ト 写 、 な て ッ 選 長 意 と が ン
権 話 ツ 写 ぐ だ し た 投 摘 阪 す ヌ ト プ
ド 登 ス 重 サ 残 じ 再 本 る 海 れ っ 登 せ
れ 通 場 だ 歩 向 選 ぎ ょ 緩 す 囚 海 せ 話
離 論 る よ 登 ッ れ ひ 嶋 本 や 始 無 欲 歩
れ す 応 ょ 京 ト 会 れ せ 然 か 開 ル 求 っ
る 写 に か ら 明 も 解 然 も 解 始 合 出 摘
ホ 嶋 だ ス 能 多 コ ソ 妊 ろ か が 出 合 を
ラ 嶋 ト 権 投 ん コ 妊 ろ ぎ 解 合 を
```

キャンプ	欲求を
スルー	緩やか
フリージアが	残して
アメリカの	快適な
が開始する	クレヨンは
、この	複雑な
明らかにする	最も幸せなこと
ウォッチング	成長する
離れる	価格は、
要約する	成功した

Puzzle 21

バズだ妊意端両の妊むぽヱ場場ミ
応ー謝罪の進お農せだるチ能ツル
ひリジ本結投会産通合ひよ選ト向プ
レフソど投ひ物芸合よこ投ト向ー
ホ解しま加せがツ正ー何がこ退室ル
投れ解ン加のささツ正ニるリヌ選室ょ
場本チど場のさツ正ニ話ュッ解ベ選写
進社阪登砂写エ室海覧んぎ側阪ぐ
ど解場通ぐ息乏や電合故む選妊
芸便コカ論をや卓合ロぐ惑敢側し
し挿利育でするスニ登勇星ぼ阪ニ
場入愛なフエひクヱふ応なし無
れしトゥルブクロー精をを応精無
おも所ニクひクヱクふを応精無

スロー	挿入し
ミルプール	アタッチ
電卓を	の両端
勇敢な	カラー
修正が	謝罪の
息をする	トゥエルブ
バージョンの	の農産物が
フリーズ	ひよこ
便利な	ささげる
チューリップ	惑星を

Puzzle 22

愛	砂	重	ト	弱	う	ひ	投	然	登	金	写	化	シ	や	
ラ	ン	ド	登	歩	な	的	配	ク	辞	出	登	シ	ン	グ	社
能	っ	メ	ル	り	ふ	サ	モ	ン	圧	海	海	ダ	ゃ	写	進
砂	育	む	オ	れ	声	再	ク	圧	分	報	ド	ふ	ン	ワ	妊
歩	多	私	タ	チ	圧	せ	分	報	を	誰	ボ	暫	進	ボ	妊
意	合	っ	登	ふ	嶋	写	ヒ	か	ノ	が	成	ト	ど	ル	進
応	ぽ	嶋	ぽ	妊	合	多	ひ	っ	砂	ヌ	熟	ル	は	笑	ど
ヱ	き	ヌ	ざ	で	場	ク	っ	砂	ト	を	し	は	っ	権	ま
子	百	ヒ	れ	多	弱	ベ	コ	知	ン	登	た	カ	笑	生	笑
レ	供	イ	イ	ベ	ト	を	イ	べ	ト	論	す	ル	権	で	権
ょ	本	を	ベ	ン	ク	ー	知	っ	ン	て	海	は	生	発	生
リ	ー	ガ	ジ	ャ	ー	ク	ベ	も	化	い	る	す	京	ヒ	京
権	結	チ	エ	ル	結	社	合	何	何	暫	海	た	る	生	ょ
側	る	辞	つ	コ	ホ	論	ろ	む	側	た	京	ょ	ヒ		

ジャーク	ワンダー
クイーン	うなり声
笑った	メルト
タオル	子供を
ボトルは	ランド
リーガル	発生する
知っていた	を誰がを
成熟したする	支配的な
イベントを	モンスター
分かった	シング

Puzzle 23

間 レ ホ 通 常 の バ 退 ム ー ブ ア ツ 狙 会
違 ポ 囚 ニ ま ひ ル 投 選 タ ホ 摘 レ っ 画
い ー チ カ 含 ー ン 進 写 ン テ 場 む レ ン お
の ト 本 結 育 め ー ド 権 セ ル 狙 お せ ジ
ヌ 芸 陸 ぐ 暫 る ベ 調 力 ル 向 重 論 て ッ
覧 意 上 登 ょ カ 登 覧 出 も 育 画 モ ク ま
ホ 応 競 ス リ ひ 暫 砂 然 し ま す 場 愛 再
開 囚 技 テ っ 加 加 ナ 愛 っ す 応 重 意 ド
ぎ 妊 ふ ニ 構 通 セ イ だ ゃ 通 ト 意 ろ 報
参 加 者 が 築 セ 選 ン 百 ぼ ス だ 廃 じ 選
ざ 登 ま レ 物 ス 開 側 や ニ 弱 廃 棄 話 室
く 然 自 応 テ リ タ ざ 何 き 私 棄 物 ひ だ
所 話 身 画 本 室 ト ー キ ス モ 写 だ ま だ
ト 歩 の ト ン メ ー モ ん だ ゅ だ ま ひ だ

含める　　　　　　　構築物
バルーン　　　　　　ムーブ
自身の　　　　　　　マスター
アレンジ　　　　　　レポート
陸上競技　　　　　　間違いの
ナイン　　　　　　　センター
モスキート　　　　　出現します
モーメントの　　　　廃棄物
ホテル　　　　　　　調べる
通常の　　　　　　　参加者が

Puzzle 24

場	し	れ	ゃ	権	会	ス	オ	フ	暫	モ	ゃ	ス	ょ	嶋
ラ	論	で	ヒ	阪	ル	ペ	弱	ー	ァ	百	だ	ネ	っ	ぎ
エ	ソ	応	化	ト	ト	ー	ベ	ィ	デ	イ	ん	ー	ぎ	応
だ	サ	画	ぎ	ホ	安	ス	イ	暫	ィ	ン	ク	投	報	だ
ぎ	論	退	ぼ	魅	百	を	ラ	興	ン	安	シ	応	ョ	ぽ
て	ゃ	む	ヱ	京	カ	る	味	せ	む	っ	ス	ヒ	読	精
カ	ラ	ン	ト	ハ	コ	的	ぐ	ジ	摘	ス	ク	ン	論	ゅ
ヱ	ン	ノ	ク	場	何	も	プ	ロ	せ	場	愛	阪	む	金
エ	社	精	タ	サ	進	で	室	ジ	加	リ	ふ	摘	退	選
金	退	ヒ	ン	辞	ク	む	劇	ェ	ク	ー	と	辞	選	応
廊	つ	ヌ	コ	初	ノ	も	的	ク	な	チ	リ	選	だ	ス
下	論	狙	金	期	も	反	な	モ	テ	ヒ	チ	阪	芸	リ
の	生	野	砂	の	百	映	す	テ	リ	ヒ	し	探	合	所
結	精	精	登	多	安	作	ろ	る	い	て	バ	ル	ー	ン
								ら	れ	た				を

ディベート
バルーンを
スネーク
コンタクト
反映する
作られた
探している
オーディション
カラント
ファイン

劇的な
廊下の
興味を
ライス
野生の
プロジェク
リーチ
魅力的な
スペースを
初期の

Puzzle 25

加室ソ狙むるむの部屋は何芸再ひ
ラ論ツニ合応れんどやだヒニ方ひ
トピンクの側読もニ圧囚れレ意妊
開辞ニ育合方ものぎ覧応何ツょブ
金所ヱ所合っもチ芸解元むるふラ
燃やすひモクェ重辞のチいシ
ひぎ立ょ阪感室ーむょ通投むゅ会
暫再確テ圧まン出ききれて合っ
ヘルシー進デ故的横に開さソラ
、急速にじィぐ忠振まカイ
は影響を与えるフ百実選側せブ
下サーキュレートェな狙金っラ
靴本ヌ合妊愛ろ京ペーク多だリ
ルド読囚ク所サホんしル覧論ゅ

影響を与える	のチェーン
サーキュレート	ブラシ
ピンクの	靴下は、
含まれている	ライブラリ
燃やす	ヘルシー
確立する	ディフェール
忠実な	、急速に
を通じて	感情的な
の部屋は	クーペ
地元の	横に振った

Puzzle 26

ろ 無 応 能 む 歩 お せ も だ 方 加 あ れ 続
ヒ ニ ル 待 阪 重 だ 投 ル う っ 能 り ひ け
然 意 覧 場 機 方 再 て ブ 退 愛 が た 一 ま
だ ゅ 砂 金 応 を し ナ イ す 妊 っ い 部 す
テ ト で 礼 儀 正 い エ マ 出 弱 つ こ は ぎ
れ ロ 嶋 ゃ 狙 し 故 ぐ レ レ く い と 、 加
話 ピ 木 方 方 応 金 ル ホ 乏 退 ぎ ざ 重 ラ
方 カ 々 ア イ 通 投 お 海 お ぎ く 場 摘 京
摘 ル が ッ バ ド 安 ぎ 囚 や ゅ 囚 む っ
ガ ス ト プ ー ス 弱 選 圧 話 方 ド 囚 ミ
ク ラ ス ル ズ ゅ モ ス 室 る ぐ イ リ
故 方 ま む っ ゃ っ 登 な グ ル オ
準 備 が で き て ャ 単 れ ラ 狙 ン
セ 写 芸 モ ー メ ン ト コ 故 だ だ ス ム 然

ありがたいこと	トロピカル
モーメント	ガスト
もうすぐ	一部は、
木々が	クラス
礼儀正しい	続けます
ネイバーズ	単なる
スライド	やるグラム
準備ができて	マイナーを
アップル	ミリオン
待機を	エイブル

Puzzle 27

ス	ホ	ニ	対	ヱ	ま	す	説	明	し	も	能	結	通	精
ょ	再	砂	象	室	ひ	ん	飛	私	愛	に	応	コ	だ	妊
べ	化	阪	と	相	手	の	多	行	て	を	ょ	ー	を	摘
今	日	は	な	ょ	辞	フ	ニ	機	城	の	ヒ	失	ヌ	れ
ヱ	摘	投	る	ニ	場	ル	ト	イ	の	砂	だ	け	な	精
方	化	進	サ	ヌ	ん	エ	ひ	タ	ゃ	だ	ん	弱	意	投
写	場	ひ	フ	フ	ス	加	テ	ュ	砂	く	ク	む	の	所
ま	べ	再	然	ラ	イ	歩	ュ	ひ	故	無	ク	野	の	い
結	ト	ひ	だ	ヱ	ト	ビ	サ	ふ	育	ふ	平	に	野	ベ
登	ぎ	応	登	話	ス	タ	ひ	の	ひ	の	よ	ろ	荒	暫
解	レ	論	ラ	ぎ	会	ン	ど	の	ふ	う	む	報	圧	故
お	妊	場	ク	ヒ	再	イ	グ	向	テ	ド	ウ	会	故	ル
投	ホ	向	ス	モ	権	何	ト	ぎ	圧	ヌ	ー	ウ	ー	だ
ス	ホ	ヤ	マ	ネ	コ	ラ	レ	く	ス	ツ	ホ	圧	べ	だ

どのように
テイク
コーヒー
タイトル
今日は
を失う
インタビュ
平野の
マスク
砂の城をに

対象となる
相手の
情けない
ウール
荒野の
ます説明し
ヤマネコ
フライング
飛行機の
エルフの

Puzzle 28

```
摘 ト 覧 ラ ク 結 ぎ ぎ ろ ル て チ 応 方 様
ど ル ル ス だ ヌ ふ 本 リ ド ふ ー 金 ス 々
シ ャ ル イ ト 京 歩 愛 嶋 合 覧 ニ 本 タ な
ぼ 狙 室 ス る お ウ 妊 て 場 ど だ は ッ マ
何 乏 し エ 然 ィ だ 芸 登 結 物 フ も ス
相 シ 写 ス ヌ ン ス 結 嶋 喜 リ ど ひ 館 の
然 互 リ ヱ 再 ド ッ 嶋 登 で ん ょ 退 ぎ し
ク ぐ リ ー で ウ プ モ じ ぎ で ロ 化 ぽ
乏 選 ざ ン ズ お ケ じ ウ ロ 加 室 会 私
意 社 し ー ク は ト ル ィ 故 所 向 通
テ ス ー リ ゼ 京 そ 通 ニ っ ロ テ 砂
サ き ニ グ ク 妊 れ ソ 育 能 故 進 摘
っ 画 ポ 社 ん 開 は 圧 育 会 育 登 話
ひ ど 重 つ 少 な く と も 登 エ 開 ろ
```

ストップ	マッチ
チームは、	グリーン
ゼリー	それは
スタッフの	ラスト
おなじみの	ケトル
様々な	シリーズは
博物館	ウィロー
喜んで	ウィンドウ
少なくとも	相互リンク
ポニー	シャイ

Puzzle 29

```
レ 報 ト ン ウ カ ハ む ン ー ゴ ぐ テ エ ク
ど コ ス ト ス ご れ タ れ っ ブ セ リ ぽ ポ リ
ド 狙 ー 少 年 の 紹 ネ ど リ リ だ 私 ぎ シ ー
権 囚 ァ ド ん 読 介 結 ズ ン バ 化 愛 カ ニ れ
ニ れ フ 退 リ 覧 ト ス き ミ 選 せ ぽ ヒ コ だ
辞 意 ヒ で ソ ラ 愛 ハ 摘 選 ど ま っ ヒ ヒ ハ
解 れ む チ 論 通 解 化 ノ い き ひ 聞 ト 退 金
応 ウ チ ア 場 砂 ま く さ な の 聞 ヌ ル サ ス
愛 弱 ア ヒ 覧 だ い さ と 金 ク 所 コ せ て
何 れ 芸 カ ホ ハ 側 私 再 室 然 か 合 精 高 級
ア ニ シ 辞 お ソ ひ 嶋 然 ド カ 退 れ る 感
ク ぎ ま 通 報 ヌ ょ む 側 合 見 て いる
セ テ ヱ 合 会 ヌ し 所 側 合 見 て いる
ス 解 ラ ぐ 阪 百 所 側
```

ゴブリン
聞きなさい。
レコード
トルコ
少年の
バンズ
アクセス
カウント
ファースト
見ている

うまくいく
ウェア
聞かせて
高級感
のない
ハタネズミ
ご紹介
ポリシー
ゴーン
シニア

Puzzle 30

```
二 社 ま 結 ゴ テ ト 妊 な 的 極 積 ヌ ろ ま
写 ド 囚 妊 話 ム だ ス が 育 ニ ス 何 ひ や
ブ ラ キ ー せ を ょ 応 ら っ 室 金 ハ 金 ト
セ ロ ベ モ シ る も 開 化 ん 方 重 摘 重 ス
妊 プ リ リ ク じ で 再 狙 し 本 進 化 進 ヱ
ぐ 選 重 ク タ の 実 場 エ ク お さ マ お ニ
イ 与 え る は 感 能 現 ホ 然 愛 ふ ー ふ と
跳 レ 京 テ ソ 、 つ 論 行 い す マ ー す 向
べ 出 ブ 気 を け て 結 ハ 意 い ト 金 く モ
！ 嶋 場 ン 妊 ク ヌ ニ 会 て て ッ 投 ケ 覧
ゅ 社 歩 モ ん ス ヱ だ ヱ 話 金 所 ト リ 投 会
不 安 定 辞 登 ラ 囚 ゃ 場 能 投 乗 ー ッ ト 換 え
ニ じ ト 場 チ 金 セ だ 話 能 コ り 換 ひ ヌ
ヌ 場 覧 側 解 ラ 意 乏 ス 再 砂 て ひ ヌ ニ
```

ブロックは、　　　　　積極的な
与える　　　　　　　　感じの
イレブン　　　　　　　現実の
マーケット　　　　　　リップ
ストーリー　　　　　　跳べ！
ふるさと　　　　　　　エルク
気をつけて　　　　　　ながら
タクシー　　　　　　　ラッキー
不安定　　　　　　　　乗り換え
行います　　　　　　　ゴムを

Puzzle 31

カ	嶋	意	通	む	場	話	読	ノ	砂	き	阪	阪	ひ	乏
ぎ	ト	レ	報	ト	つ	れ	じ	暫	れ	応	解	決	済	み
む	解	ふ	摘	室	合	加	ド	嶋	意	権	囚	権	権	加
は	欠	い	て	い	る	れ	ヌ	参	加	者	金	ゃ	京	何
テ	エ	ッ	ジ	画	辞	ヌ	で	ー	マ	ハ	ル	吸	じ	方
や	従	い	な	さ	い	歩	弱	ル	し	ビ	血	リ	サ	
ハ	す	育	ま	辞	辞	ろ	海	コ	化	ー	鬼	ベ	選	
だ	場	ら	応	辞	会	ポ	引	き	分	け	ト	の	ヌ	進
故	場	ぼ	ク	ス	従	ー	き	チ	精	再	の	の	本	
ゃ	書	く	ぎ	ノ	業	リ	画	ェ	会	の	庭	セ	安	
コ	き	キ	ま	ー	員	摘	暫	ス	論	示	弱	表	ぼ	
ひ	込	ッ	意	フ	の	ハ	権	マ	ゅ	権	ぎ	歩	登	
ぎ	み	ズ	ラ	レ	重	じ	化	ン	会	摘	非			
ま	し	精	精	ー	然	ヌ	京	重	レ	ー	ス	コ		
し	ぽ	阪	ク	辞	重	ヒ	せ	ソ	だ	退	暫	ス		

引き分け	解決済み
ツール	従いなさい
吸血鬼の	は欠いている
やすらぎ	スノーフレーク
書き込み	エッジ
チェリー	レース
従業員の	キッズ
ビート	ハンマー
ポリスマン	参加者
の庭の	非表示の

Puzzle 32

リエツむぐゃひデモリアルーゴを
ス摘選話し無論ィ辞ニ多ィ社会お
妊望遠鏡育本ニッ狙ゅタテも然勧
代多ゅ加入クスシルアツールフめ
替応解辞り芸ュニイ話ォはょしま
をタチる口応金進通フ画テざす
弱フベ退嶋せ信はー報れろラル
スな嶋ぐ多だきだリド報論登解
芸芸スパークルじふ解リ辞ソど
だぽ話ドカ読安暫費ざチ歩に
砂るトト本クど京つやッュ高さ室
投っヌ歩所選解暫おさイプ方ニ退場
権然っゅ金ヒ育ぎベつきれント報じ
っ無べ社能ぎベツした木報場

タフな   アイス
望遠鏡   リアル
チップ   入り口
スパークル   代替を
ディッシュ   費やされた
高さに   モニターは
送信は   ポイント
フルーツ   ゴール
をお勧めします   リリース
フォーティ   ドリーム

Puzzle 33

```
デ ナ タ ウ ン ト 必 ギ ロ ッ プ ぐ メ カ
ュ ッ ひ ふ ワ エ 要 の ろ む れ 阪 応 デ 応
ー ト ツ 投 ス カ が だ 政 ぽ ル ー ム ィ 本
テ じ ラ 向 ソ ぎ あ 出 治 暫 何 百 カ カ ベ
ィ 位 シ 応 ベ 芸 り だ 囚 金 重 画 ル む
モ 置 や ー む て ま 意 解 故 何 開 ろ 摘
ホ は モ ク ズ の す の ト 気 配 り マ ス 写
ク 、 エ ふ ラ ュ て 解 薬 だ む ク き
弱 ふ ガ ッ ト ン 愛 圧 故 ス 剤 重 論 チ 京
意 多 お ニ サ テ 選 権 ヌ っ ょ 意 向
読 ボ 方 ぼ ラ れ 化 べ 方 ノ は く 然 ニ ん
応 ー 話 せ ト セ ん 画 ラ フ お て ぼ ぼ
妊 ト 向 無 今 エ 管 ウ 進 ロ す ん ト 故 ざ
ト 砂 権 ひ 夜 ア 理 カ ン ト ス ー 妊 芸 チ
  砂   は カ し ト ー 妊 ト
              ウ ま ト ん
              ン す
```

メディカル　　　　　気配り
スワン　　　　　　　アカウント
管理します　　　　　デューティ
ギャロップ　　　　　位置は、
ナット　　　　　　　今夜は
タウント　　　　　　必要があります
フロート　　　　　　ルーム
の政治　　　　　　　ガット
マスト　　　　　　　の薬剤は
ボート　　　　　　　シーズン

Puzzle 34

```
サ 多 民 主 的 な 海 ょ っ ぎ 開 社 小 麦 の
ポ 登 数 故 阪 ヌ 京 解 辞 せ 登 だ 嶋 ニ 報
ー 通 報 派 ポ ジ ティ ブ 会 弱 ぎ ニ 場 ひ ス
ト ざ 画 お 写 ピ 愛 社 ー ぼ 投 登 権 じ ダ
ぽ 辞 向 ょ 投 だ 意 ダ チ リ 金 場 囚 ス 然
ま 応 で だ 重 ビ っ ー ン タ ト 登 場 ド 砂
見 ら れ 重 ゃ チ ョ チ キ ク と 権 ぐ チ 嶋
何 加 場 故 ト 圧 側 ょ ス ァ 言 囚 安 き 辞
写 登 ヱ 画 た 誰 る や レ フ う 場 目 結 テ
の 独 立 し は で っ ス だ 乏 の 登 が 室 っ
せ っ 安 通 フ ク で も 愛 ル 意 ぽ 覚 側 ク
彼 ら の フ ァ ク ト に セ ヌ 摘 狙 め 私 乏
ス ノ ー ヌ ロ ッ プ 多 カ 歩 き 摘 私 場 再
画 ょ ヌ 所 ゅ つ
```

目が覚め	見られる
スノードロップに	ビヨンド
多数派	彼らの
と言うの	誰でも
民主的な	サポート
の独立した	ポジティブ
リーダー	だけでは
ファクター	ダンスの
ファクト	小麦の
ピーチ	スキン

Puzzle 35

```
サ 無 所 無 頻 無 ス 側 所 然 無 加 ぐ 愛 ツ
う 報 金 お 繁 ひ ト 報 ざ 重 ド っ ぐ 写 ひ
さ レ 投 カ に サ 、 側 場 ろ ヌ 興 画 じ り
ぎ 歩 摘 ッ ド じ ホ は ろ し 視 味 登 り 達
論 歩 ど ひ 話 サ 重 人 し ご す 津 名 達 成
言 っ 通 テ だ じ 人 く 選 能 る 々 誉 成 す
ス 育 ま し る 本 覧 選 っ だ メ の あ す る
も ヌ て ぽ 結 シ 選 グ ナ 無 ン バ る る れ
出 で ぎ い し 話 登 ハ だ 多 バ ー こ れ ら
だ 投 投 し ま セ き 育 無 退 ー の と ら 取
ク 登 論 正 ヌ き き 能 砂 ヌ 者 場 解 ニ ニ
メ ガ ネ れ ヌ 解 ま ょ 写 し 性 化 本 ヌ ニ
福 利 厚 生 歩 囚 ま 能 退 犠 力 進 化 覧 故
レ イ ジ ー バ イ ラ ド ぽ 京 話 化 も 覧 故
```

むしろ	メガネ
無視する無視する	人は、
正しい	メンバーの
うさぎ	シグナル
言っています	福利厚生
犠牲者の	レイジー
興味津々	ドライバー
名誉あること	はしご
取られる	ミッション
達成する	頻繁に

Puzzle 36

```
モ ナ ぽ エ 方 歩 ぎ 化 能 画 ふ と 最 れ ト
ラ レ 安 阪 ド マ れ う む サ ん ひ 大 ル 登
ル ー 精 出 ン っ ざ む 会 危 が 圧 海 ト の
ぼ タ キ 進 ウ イ コ 従 に 機 り べ 本 通 ん
ろ ー 芸 能 イ の ル し 故 は ふ 嶋 開 ゃ 辞
選 を 覧 報 気 チ な る 方 む ヱ 本 合 セ 芸
む ん 意 権 方 に ワ 加 合 モ ふ 覧 開 レ 社
ペ 化 権 カ ー 進 ヱ 故 加 ー 阪 リ 愛 ク て
ッ 自 動 車 緒 写 ひ 金 金 セ 会 ぽ る ト 典
ト デ ス ク に 側 ど 私 合 カ 覧 ぐ 論 ッ 型
側 ス 投 せ を 登 つ 愛 ど ソ ぽ ホ 開 シ 的
進 暫 狙 ネ 結 多 通 加 や だ ソ だ 愛 ま な
重 ラ ハ ッ 多 ク む ひ っ る 論 ヱ
金 カ 本 ト ビ ー チ ヌ 通 何 嶋 開 っ 海
```

気になる方　　　　　　一緒にを
ナレーターを　　　　　ワーカー
デスク　　　　　　　　セレクト
ペット側　　　　　　　モラル
自動車　　　　　　　　最大の
ネット　　　　　　　　マッチの
危機は　　　　　　　　キウイ
マインド　　　　　　　はに従う
ビーチ　　　　　　　　典型的な
とんがり　　　　　　　シット

Puzzle 37

方ホホサ見ひ本で組論だヒハじだ
ハぽ阪ラえレでぎ無みひ囚セニ論
進リ画ぼたルぎタエぐ立む大むカ
退乏ケへアビょノスだ論てきっヌ
合然くーーア投ょぎラで海いまス
話ろ重何ラ摘ド重登レテつ読っ出
ソセチでンの販退金しヱれぎカど
どぽん覧中ぽ売むひサろゴ騎士は
めふゅ辞ぽク者シシャシー乏スじ
アったにク合のッツしウズくケ京
ーたムチ暫合再ぼ登れドト意ソス
開ムヱェチ覧覧場場嶋メだく登辞
ぼヱチアェ私私やテや報くもせ
摘エ解トピぶ加報テープのだ

トピックス　　　　シャウト
販売者の　　　　　メドウ
アームチェア　　　たぶん
めったに　　　　　大きい
騎士は　　　　　　スケート
見えた　　　　　　テープの
組み立て　　　　　ゴーズ
ビール　　　　　　ハリケーンの
ヘアー　　　　　　シャツ
の中で　　　　　　スター

Puzzle 38

```
サ エ 何 モ ん ひ 応 デ ス プ 洋 食 洋 食 歩
少 な い ん 歩 ハ ぐ ィ 嶋 ロ 写 ニ 故 ん 暫 ひ
遊 び の あ 本 し 多 読 セ 屋 応 合 き 覧 に ぎ
ふ ひ 弱 具 本 ー 読 で ス 外 ソ ー ム 狙 だ
ト 結 場 家 報 ク 妊 ま 歩 で ぎ 故 狙 パ 暫 ク
ッ ウ 解 方 論 ハ ェ リ チ ナ す ス 本 や 摘
ホ 歩 モ ル っ ー る ェ ナ ニ ぎ ー し 海
む 向 権 ロ コ ク む チ ッ プ ス タ ソ ヒ ヌ
ぎ セ 場 ド シ ノ ぐ る プ プ ー ン の 登 レ
な ツ ふ カ 結 レ 場 金 ル 所 ン の 狙 本 側
重 ぜ っ し ル 貧 ざ 無 合 歩 狙 ヌ テ
進 妊 な ぐ 祖 意 し 芸 歩 狙 ニ コ
弱 本 つ ら 母 っ お 阪 や ュ ミ
て ょ 素 敵 な の モ 加 ィ テ ニ
```

貧しい　　　　　　　ホーク
素敵な　　　　　　　遊び心のある
パースニップ　　　　ゲームに
チェック　　　　　　パイナップル
家具の　　　　　　　少ない
プロセス　　　　　　ターンの
洋食-洋食　　　　　　祖母の
屋外で　　　　　　　トウモロコシ
ホット　　　　　　　コミュニティの
なぜなら　　　　　　ディケイ

Puzzle 39

```
会 れ 化 画 加 ぼ 承 私 砂 レ ょ 読 ク 論 っ
よ 能 ぎ ゅ 方 進 認 然 妊 ト 妊 再 無 退 や
う 意 ま 登 報 じ す れ 選 チ れ ョ 故 退 ヌ
こ レ キ リ ン は る エ チ フ ロ ン ブ ひ っ
そ 子 ス ゅ 愛 愛 れ と こ ィ 海 ス 話 ゅ 方
！ テ ど 応 ざ 出 エ 然 レ ー ホ ッ リ き 場
し じ 報 も し た 百 ト ラ ル ラ ヒ 画 会 通
お 精 さ ん 暫 フ 覧 ウ ぼ ド 育 レ っ 進 化
コ 歩 ヱ 側 ォ ち ア ハ オ ひ ー だ 妊 ヱ 弱
だ い 多 す ー 再 イ ン ヤ ペ ん レ な エ 金
思 暫 出 く ク ト ン デ ー で 平 ー ト ク 再
乏 閉 や 込 フ の デ ア ド ー テ 和 き ハ 何
閉 じ 込 め ォ チ イ ン ド ー 室 ド 選 ン 選
バ ル コ ニ ー 画 社 を ス ホ 場 ト 化 選 ス
```

エクセル	ヘロン
承認する	フォーク
バルコニー	閉じ込めるの
キリンは	アウト
アイデア	ヤード
思い出す	オペレート
ようこそ！	おじさん
フィールド	平和な
ハンドルを	ジョブ
これは	子どもたち

Puzzle 40

```
キ ャ ピ タ ル し す る 育 加 ブ 通 重 れ 報
ス 然 チ 開 発 し ま す っ ツ レ し ょ る ふ
ス や 退 ェ 場 い ら 下 リ イ 覧 ぎ ぼ 応 加
む れ ゅ 場 故 き も 却 応 ブ ざ ど 登 れ 合
選 選 何 故 れ も さ お 惨 ざ コ う 然 ル 砂
耐 え ら ざ れ さ 能 ニ め ベ セ 応 砂 登 だ
フ ぽ 重 多 圧 登 ぽ ト な ざ ラ 然 リ 能 ニ
ョ レ 解 レ ぐ 京 故 ベ ニ 安 本 結 報 や 安
ト ン ン イ タ マ カ ジ プ 安 故 ひ 社 暫 も
加 然 イ ド マ ヒ 進 ッ し 不 エ き 百 百 っ
せ 読 ラ 方 向 ト 向 レ ゃ 定 ス 登 き く 弱
で 安 ヱ ソ 百 重 狙 カ 進 期 レ ン ス ッ ま
ま お 開 本 ノ だ っ 向 社 ス ン 嶋 テ レ
物 語 の 式 婚 結 ふ 投 リ 二 ル 出 辞 精
```

チェックさ	ライン
エクステ	キャピタル
レッスン	もらいます
カレッジ	な惨めな
フレンド	ブレイブ
タレント	耐えられる
物語の	マグカップ
不定期	開発します
結婚式の	ぶどう
却下する	シーク

Puzzle 41

愛	も	試	折	何	コ	報	ファ	イ	ヤ	ー	マ	ン	不
無	選	し	り	モ	ざ	肌	ライ	イ	ラ	ッ	ク	プ	適
ま	砂	て	狙	た	私	寒	プ	じ	ざ	弱	サ	ー	切
ロ	圧	み	弱	る	読	い	ラ	る	っ	愛	ト	オ	ゅ
ク	ー	る	寛	ヌ	能	み	イ	ま	覧	何	通	ょ	社
ひ	精	カ	大	キ	キ	リ	ベ	き	ニ	ど	ぎ	サ	き
報	や	ツ	さ	ャ	ャ	ま	ー	ウ	向	乏	ク	ッ	ヌ
ツ	歩	方	の	プ	ょ	ー	ト	責	権	精	ン	ト	開
つ	報	む	場	チ	選	愛	話	任	精	ひ	ピ	テ	て
れ	し	ボ	ヒ	コ	挙	歩	ニ	あ	ひ	通	コ	ス	ド
ぐ	本	覧	れ	本	向	コ	の	る	っ	ス	重	で	ニ
結	け	会	百	む	む	エ	話	じ	画	画	加	ソ	る
傷	つ	覧	ラ	加	れ	乏	話	つ	歩	歩	ふ	芸	ょ
再	見	け	サ	解	側	お	場	場	じ	ニ	ひ	無	向
傷	る	む	っ	話	ょ	芸	金	重	ソ	ソ			

オープン ボウル
折りたたみ 選挙の
ウォーク ローカル
寛大さの 傷つける
プライベート 試してみる
トーク 不適切
キャプチャ ファイヤーマン
見つけ 肌寒い
ピンク 責任ある
ライラック サット

Puzzle 42

```
本 嶋 写 開 狙 ア ひ 方 エ 加 ア ハ ン ド す
ス 室 多 多 金 ラ 無 百 く ざ タ モ ノ ひ で
結 ク 多 ス 狙 ー っ 妊 会 レ 退 ッ ノ 狙 に
肖 朝 ご は ん ト 所 画 通 場 圧 て 海 重 ク
像 ア 意 ミ ー 解 せ コ ヒ 本 ひ お ス 芸 ひ
画 ひ テ お ふ エ 場 ス 画 明 ぐ る ペ ル シ
の リ ク や ク サ 方 ト 説 く お を ル を ー
囚 コ ド 解 徳 的 育 ぎ 選 ド ま 海 を 退 ト
サ ド ー 道 ん く ざ ま 権 試 退 件 場 き 権
狙 故 モ ス く 再 コ 私 弱 だ み 条 き 然 ニ
登 室 モ く 葉 選 ト 覧 試 ホ だ を 権 だ ス
手 ブ レ 葉 っ に せ イ 摘 ス ふ 件 ざ 然 解
ゅ 進 モ っ 加 エ コ エ だ だ だ 条 覧 だ 開
育 進 れ ぱ ぼ ジ ー セ ッ メ 無 条 覧 然 覧
```

手ブレ
イエロー
アラート
ハンド
アーミー
条件を条件
スペルを
すでに
試みを
メッセージ

スモーク
アタック
葉っぱ
説明する
朝ごはん
のコース
道徳的
コスト
肖像画
シート

Puzzle 43

```
ス 向 バ 捧 げ ま す カ ー ド マ ッ プ プ 楽
読 多 エ ス ラ ガ ぐ 京 レ っ 結 暫 ひ レ に
退 応 話 イ ケ プ イ タ ゃ 向 応 弱 ひ ー し
ょ ぼ せ メ 育 イ だ 応 愛 ホ べ む ま ト て
重 タ ル ー ひ だ ト 患 者 さ 私 わ り 摘 く
ん 無 ス ジ 何 サ ぎ 写 重 ん た り ぐ 金 だ
ソ 海 ょ ク を 登 ン ニ ー ひ 精 ひ 圧 歩 さ
論 登 む れ 退 プ ロ ド ニ ル ひ の ド だ い
応 解 ぎ な プ ッ 方 ん ー ク が ブ だ 社 。
っ 有 利 退 リ ょ 育 読 ャ ょ ク ー や 洗 ク
室 ひ 向 退 会 ソ 開 ク ジ ハ 何 ュ 何 濯 合
っ ト ん 退 本 セ く ヱ 歩 れ 囚 チ 然 物 無
弱 投 嶋 ょ 本 ひ エ ヌ ス ぎ む ま 社 進 ヱ
も で テ き オ フ ェ ン ド ニ ク お 社 ぐ ヌ
```

チューブの	ドロップを
タイプ	バスケットボールが
タスク	ひまわり
捧げます	カップ
プレート	ガラス
カードマップ	ジャーニー
楽にしてください。	オフェンド
私たちの	有利な
患者さん	イメージ
洗濯物	サンド

Puzzle 44

ス	ニ	覧	き	辞	ひ	ク	乏	ル	チ	場	化	弱	選	ま
退	れ	ニ	ど	ト	れ	育	重	社	じ	嶋	じ	画	社	も
だ	コ	能	向	ろ	覧	ク	愛	合	ぎ	重	加	サ	ひ	話
安	ぽ	ド	方	化	歩	金	ニ	多	狙	室	ヱ	ソ	ん	芸
再	解	精	室	ぽ	だ	写	ド	通	妊	登	マ	チ	育	退
多	結	方	弱	ホ	ヌ	本	ク	妊	話	ス	ガ	然	ん	が
精	撮	故	無	ヌ	ツ	き	れ	辞	辞	百	ジ	危	険	て
ド	影	ハ	市	ツ	の	加	暫	何	何	合	ン	狙	セ	弱
ス	し	観	民	の	ひ	ひ	権	ゴ	ひ	側	つ	場	カ	エ
ン	た	察	す	る	れ	れ	合	ブ	ス	豆	ウ	る	ン	ク
ブ	ル	妊	る	コ	れ	選	ば	リ	ク	オ	ド	場	ド	再
セ	チ	ベ	コ	れ	ば	運	解	ン	マ	イ	ー	場	し	百
シ	ー	イ	ル	チ	サ	ド	ル	の	イ	ダ	オ	ー	百	ど
合	チ	ャ	社	合	場	の	よ	運	ン	ト	イ	ピ	リ	権
合	弱	ゃ	ノ	ホ	絹	の	よ	う	な	ト	ー	ピ	リ	権

ホイール   リピート
オーダー   マガジン
コンドル   危険が
観察する   撮影した
市民の   ブルーベル
運ばれる   エンドウ豆
ノイズ   セカンド
ゴブリンの   クック
セブンス   絹のような
マイン   シティ

Puzzle 45

だ	リ	ク	論	圧	応	化	ホ	ト	暫	ソ	テ	加	阪	ク
ぼ	れ	海	海	ふ	阪	エ	狙	ゃ	っ	向	ょ	私	何	ょ
ひ	ア	リ	に	る	投	ろ	重	ハ	ざ	ソ	し	話	開	報
精	会	画	や	所	圧	ろ	親	お	ひ	結	芸	っ	摘	エ
登	産	ラ	弱	ブ	化	応	愛	愛	ざ	辞	プ	芸	ャ	キ
芝	生	を	レ	ニ	テ	場	く	無	な	る	ク	再	芸	ス
近	の	ビ	登	テ	不	ク	ノ	ロ	ジ	む	ト	投	場	パ
ょ	づ	登	所	エ	注	狙	ド	ド	ふ	加	ー	阪	弱	ー
カ	ナ	所	ま	出	意	つ	れ	故	ミ	ナ	サ	れ	嶋	ト
ヤ	イ	ワ	方	室	な	応	む	や	ト	エ	ン	ヱ	化	れ
ふ	フ	ゅ	妊	す	ら	登	ま	ぼ	て	の	イ	投	側	ぎ
サ	阪	ド	室	減	モ	阪	む	風	の	べ	ト	読	ょ
ク	解	ょ	暫	権	応	も	ハ	呂	再	覧	テ	じ	解
話	お	モ		リ	ン	グ	を	カ	バ	ー	ぎ	ポ	能	乏

キャップ	アリに
リングを	芝生を
ナイフ	ライブ
近づきます	不注意な
減らす	インサート
の生産	ワイヤ
風呂の	テクノロジ
ポテト	カバー
テレビの	ドミナント
エキスパート	親愛なる

Puzzle 46

さ よ な ら 熱 育 だ し 退 私 結 ぐ お せ ト
リ 暫 明 然 心 愛 レ ひ 百 ヌ も ホ 権 ラ ニ
選 ク ふ 日 な れ ホ 妊 能 所 結 選 方 命 ク
ヌ ノ ラ 室 は 仕 合 ク し 砂 弱 致 的 フ 能
て ハ ル 登 ク 上 ド ニ ょ ぽ フ ざ ワ ラ ズ
ラ 育 社 囚 ぎ げ 加 ド ビ ト ラ っ ー ヌ 精
ろ て ヱ れ チ 読 ぼ だ タ ラ き 愛 ズ の ソ
権 社 ク 能 じ さ サ す ミ き し ャ 読 ス ハ
ス イ ン グ 注 ぎ ま 側 ン ヒ 毎 応 ベ 女 意
ピ バ ヱ ョ 重 プ た す 私 し 年 ヌ ス ノ 性
ッ ト ス ネ た ジ ッ 金 ヌ 毎 恒 ホ ゃ 合 っ
ク ー ニ ペ ー ス ト ニ ニ 年 例 や 女 だ 辞
し オ 進 ろ バ 加 ベ ル ト 恒 ま せ 出 金 ス
進 ヌ て で 社 カ ー レ エ 例 せ ホ お 場 再

の女性   フラワーズ
ネスト   仕上げ
ニース   熱心な
バージョン 明日は
ピック   オートバイ
プット   さよなら
ペニー   ビタミン
ベルト   毎年恒例
致命的   注ぎます
スイング   カバーた

Puzzle 47

画 ベ ホ ジ と も か く 開 ワ っ ヒ し ラ ハ
社 ま ワ 結 と 応 ニ コ ろ ま ー れ ぎ 進 つ
で 読 イ を ャ ン コ 百 方 版 決 ょ 進 代
ぼ 投 ス ぼ ゴ ト リ 出 物 が め ロ ひ わ
ド 通 ヌ 重 モ ミ プ 百 っ て ぼ も ー 報 り
ニ 論 ！ や フ 多 ろ 画 歩 ル ト 室 る む に
ま た 出 位 ハ ィ ム 報 れ フ ェ ニ ひ 精 所
写 ア セ 相 で コ ろ ネ ー シ 妊 結 や ヌ
結 ク ぼ が ホ ン 歩 ー ョ し 合 る く
ろ タ ん 阪 ク ビ ビ ぎ 安 ん ュ い 嶋
ぎ ー じ 合 砂 登 レ 歩 も コ 権 百 京
通 ゃ ト 妊 応 覧 レ 出 ん 圧 再 芸 進
ゃ ハ 辞 ょ し 進 私 社 チ 改 ボ ト
レ 覧 ト ぎ ま 然 自 分 の 革 改 れ 能 登 ょ

ジャンプ	ワードロー
コンビネーション	改革の
リンゴを	ボルト
ともかく	ミトン
ホワイト	されている
フィルム	出版物が
決める	自分の
位相が	シェルフ
代わりに	また！
アクター	怒っている

Puzzle 48

や フ 合 場 通 ぼ ざ コ 金 摘 好 ト だ ま す
注 ァ よ り 少 な い ク 画 像 の 奇 心 リ で
が イ 本 場 歩 ヒ ク 意 合 心 ッ む 室 せ 本
れ ト 利 点 の ト っ 生 ざ 然 ヒ 応 話 話 開
た ク じ ニ 進 く ょ ぼ プ ー ッ 阪 結 話 で
登 加 ゃ 金 む 重 安 ス ー ー プ 砂 ぎ 故 リ
一 定 の 物 建 ス む カ 私 レ ス 力 再 む 故
読 ル ま ゃ 加 ざ ホ サ ニ グ ム 無 化 て む
登 む ヴ 解 去 エ こ 選 摘 ゅ 権 合 私 り ま
ぐ ノ 論 ォ イ る リ 愛 故 ょ ト 私 狙 む ゃ
ょ お ひ ン ラ 私 ド と 圧 報 ホ 狙 サ ふ ん
解 モ コ ラ 暫 イ ー ヒ 愛 開 お だ 摘 二 ょ
で ど で 投 ニ 砂 ド ラ 芸 く る 報 化 安 狙
精 レ 投 ニ 砂 ド ル ー ワ ざ 歩 ひ ヒ だ 結

スープ	トリップ
画像の	ヴォイド
一定の	グレープ
スチーム	メイン
好奇心	建物の
より少ない	だます
去ること	ライド
利点の	生まれ
ファイト	注がれた
ワールド	サード

Puzzle 49

泥結弱リ能ノ育クぼニ百おひ権テ
べだスキ選乏通リ通愛ハい論ゅク
ふコらチー通結ー京ヌ方し海ま重
ツ論然けスプ婚ム会リ摘いは選愛
場ーチ然パズ式をガヱ本れてれお
ヘチジカッペルン合カ水チしぎド
解ラ金でペーくン妊コ牛関私んん
コミトラ安ー合妊、無サにか確結
リンラスト論ソ々の々イ圧弱論ぐ
まベ権だ論セの個出精エ場論レだ
魅退歩再精嶋話し精でン所ぐクサ
権力あふれコ画多能ヌスヒ芸サ重
だ画京どと笑えヌ出くサテョ出所
ニ化れス然笑見ツ登てツニちっツ
　化解っむつける二登っ

笑える　　　　　　　見つける
セトラーズ　　　　　ミラー
ペッパー　　　　　　に関しては
サイエンス　　　　　ヘラジカ
カンガルー　　　　　クリームを
水牛に　　　　　　　結婚式
確かに　　　　　　　おいしい
、ソート　　　　　　コントラスト
の個々の　　　　　　キープ
魅力あふれる　　　　泥だらけ

Puzzle 50

```
く ヌ 愛 登 加 増 嶋 暫 ぎゃ ざ や ひ 高 芸
ヌ 社 ん ま 結 加 芸 実 引 張 ら れ 貴 ル
ニ は ぎ 重 育 を 投 行 何 ス 歩 シ で 臆
狙 費 覧 ヌ 百 登 写 し ビ ジ ョ ヌ に 病
カ や 芸 意 論 ホ 無 ソ の 代 わ ン な な
い し 激 何 読 無 も ッ た 狙 り 安 も 弱
場 て 無 ん ど も れ ト 開 ぽ な チ ざ 室
能 画 ヌ ょ 故 れ ル ト 無 解 チ あ コ て
ス ス ガ っ 百 ル シ ケ ン ス ホ 会 加
ク 重 場 イ シ ー ー ス 登 ー レ ホ 本
コ ラ イ ド ド レ ケ バ ッ 室 デ ハ や
摘 加 っ 多 サ ラ ン ル 囚 ィ バ ス る
ト 京 ひ ぐ 所 ド イ 芸 合 何 ー ニ ニ
乏 ひ ぎ れ ヒ ベ ス 社 投 本 何 バ
```

の代わりに	シーケンス
一緒に	激しい
引っ張られ	あなたの
実行している	臆病な
レディー	ビジョン
ガイドライ	増加を
バニー	ルース
スポーツ	コライド
は費やして	バスケット
高貴な	シスター

Puzzle 51

```
ヌ き 罰 金 は 場 暫 育 覧 登 圧 テ 無 会 投
っ く モ ヒ 報 海 だ ぐ く 香 り が 報 社 応
骨 董 品 サ 開 嶋 加 エ だ 会 も 多 モ は モ
べ 精 り 報 論 ス 覆 だ き エ つ 登 ー よ だ
バ ッ グ く さ キ 京 わ セ エ 化 タ る と ん
歯 医 者 さ る ル ド ざ 嶋 ー も ー 無 報 精
加 芸 圧 応 お ど 開 シ さ ス 合 カ 故 、 ヌ
ノ ニ コ れ 無 べ 乏 ャ 示 ド ウ ふ 無 高 会
本 ク ス 菓 る だ ク 叫 百 ン 結 ら お 価 ざ
て サ 育 ド 子 投 登 レ 丸 薬 乏 を な く 無
れ し 育 ゅ れ を び る ブ ニ 場 く る 加 育
ひ む ツ ん ケ 子 の ャ ぎ 開 れ る な く 再
ク 登 報 ヱ ー も 投 ル れ 画 結 を く る 出
っ ツ リ 論 圧 ま 室 の ジ る だ ル レ 再 お
```

丸薬を
叫びの
覆われる
罰金は
よると
、高価な
歯医者さん
バッグ
シャドウ
お菓子を

香りが
つもり
ブレンド
会社は
セーター
ケージ
骨董品
示された
どんぐり
スキル

Puzzle 52

悲	し	い	こ	と	方	通	信	ウ	画	場	モ	安	検	せ
サ	ポ	ー	ト	し	て	応	じ	ォ	ス	っ	多	サ	索	通
報	関	室	テ	ろ	社	話	る	ッ	圧	向	解	ソ	フ	だ
レ	わ	れ	ひ	れ	権	ひ	ヌ	シ	暫	暫	合	ェ	ぐ
の	る	海	育	ヒ	シ	ツ	ひ	ュ	ス	ド	ー	べ	ン	イ
覧	外	サ	故	ト	ン	れ	金	ホ	ど	ッ	ナ	っ	シ	ょ
本	精	に	ヌ	ホ	プ	お	ク	応	暫	マ	ぽ	投	ン	登
向	故	サ	歯	登	ル	ひ	退	歩	む	し	能	ハ	グ	エ
読	ょ	の	科	化	結	じ	で	せ	サ	ぐ	ろ	キ
進	っ	ス	さ	よ	医	ク	来	じ	化	ヌ	妊	安	エ	ス
ざ	セ	セ	じ	育	う	摘	ま	阪	エ	し	写	弱	ス	パ
妊	プ	プ	重	よ	ト	な	し	エ	ミ	ネ	タ	イ	ケ	ン
多	社	ロ	ダ	所	ざ	ぎ	た	ハ	嶋	弱	む	ー	ド
て	っ	辞	プ	京	る	会	ら	ー	多	金	嶋	エ	プ	結

来ました   エキスパンド

サポートして   エスケープ

シンプル化   プロセスの

悲しいこと   関わる

ナース   インベード

プロダクト   の外に

さようなら   ネクタイ

歯科医   エミール

マッド   信じる

検索フェンシング   ウォッシュ

Puzzle 53

```
チ 写 方 ル 重 ニ カ で 乏 セ ん 二 本 む 乏
側 弱 る 話 ぼ 故 ッ テ 画 エ で ぎ 通 ひ 化
つ も 準 嶋 ハ せ テ ス ジ ン レ ト ひ ょ 通
ラ ス 備 京 サ 、 ス は ン ケ ト ス ょ 退 グ
ム チ 育 ブ ス エ 、 ひ ケ ー シ ホ 京 チ て
ポ ー タ 故 ル る い て ふ ひ 阪 ビ 退 ゃ ゃ
暫 ピ ュ リ 、 フ 退 無 暫 恐 忘 選 多 通 通
権 ス 目 能 ボ エ 進 加 恐 出 れ 乏 ハ ど 愛
チ 化 に お コ フ だ ト ヌ こ っ 多 シ じ ル
ョ ぐ 見 覧 ハ ィ で ン 海 れ 登 海 ャ 何 ヌ
イ 解 え 百 方 投 ホ ガ 応 ら 円 ソ 歩 ひ 応
ス ツ る 側 ぐ ぽ ひ レ 京 形 の ー 摘 阪 再
読 側 百 ぐ 通 報 ひ プ 育 今 日 楕 圧 ろ
乏 エ 覧 読 つ 登 摘 せ ぽ ト ノ 摘 阪
```

シーケンスは、
チョイス
ソーシャル
ポータブル
ストレンジスト
スピーチ
カットは、
今日の
、フル
ビッグ

楕円形の
ホスト
恐れている
準備する
フィンガー
目に見える
これらの
プレゼント
忘れた
ボリューム

Puzzle 54

```
ぺ ま せ 方 キ 精 ル ニ ま ま 大 非 公 開 会
ー ぐ る 私 ク ャ ス ー 加 開 学 ゅ 写 何 ぐ
ジ 海 ぼ 再 囚 退 ッ ス ラ は 化 場 進 故 っ
再 多 ク 所 写 百 チ 本 ぐ 、 ラ だ 出 お 通
だ 報 ヱ 能 出 ヒ 何 し 重 加 精 登 ツ 意 登
本 当 の 進 読 ハ 海 暫 ト 私 人 ホ り セ
さ さ や か む チ 賢 通 登 じ 気 乗 終 物
愛 だ 故 意 ニ 明 論 気 を 散 の あ 会 り
ょ 選 阪 ティー 愛 故 ぼ せ ら る 愛 だ 応
セ パ 愛 する 乏 化 第 動 無 ヌ ヌ ス
金 パ す の 簡 素 三 物 ダ ジ ェ ス ト
ま じ レ ー 重 百 は 園 イ 読 応 ヱ 能
方 ド ざ 然 ト 辞 く 、 ニ 応 ま 歩 ハ
等 し い 然 ト 論 だ 合 囚 辞
```

本当の	乗り物
キャッチ	賢明な
動物園	気を散らす
ささやかな	ページ
パーティー	愛する
セパレート	第三は、
人気のある	非公開
ダイジェスト	ルーラー
終わり	大学は、
の簡素化	等しい

Puzzle 55

ボ	る	ニ	ひ	投	応	コ	退	チ	近	ス	ペ	ル	プ	室	
ノ	ー	ナ	イ	マ	阪	ー	っ	ぐ	代	ク	ク	だ	ラ	ス	クレ
摘	ハ	ダ	れ	エ	何	ル	能	き	的	故	ヱ	海	ラ	チ	れ何
借	愛	化	ー	方	向	方	セ	画	な	分	十	応	結	ッ	故
り	誇	り	に	思	っ	て	百	芸	ぎ	海	金	ジ	く	ク	ト
る	ふ	ょ	歩	む	だ	ぐ	ど	ヌ	本	金	リ	ェ	し	ワ	ぐ
読	ス	ノ	嶋	だ	能	`	ド	生	エ	ネ	ヒ	ク	ワ	覧	
ま	読	金	ゃ	能	肌	彼	ー	意	物	権	ミ	の	ー	ク	合
ナ	ビ	ゲ	ー	ト	寒	ら	ル	海	学	念	ー	む	ワ	ト	
シ	ン	ク	話	い	が	ヌ	懸	ニ	こ	む	進	砂			
モ	狙	だ	ひ	結	は	ん	ヌ	ぼ	ん	コ	ホ	ん	つ	私	き
ヘ	ル	プ	フ	ル	化	出	ハ	方	育	開	方	サ	き	出	
ト	ひ	画	化	百	再	ニ	報	ぎ	応	ハ	育	ふ			
ぼ	加	ん	百	コ	意	っ	百	然	精	摘	多				

スペル
リジェクト
誇りに思って
ドール
ワクワク
プラスチック
エネミー
マイナー
懸念の
十分な

ナビゲート
、彼らが
借りる
ボーダー
ヘルプフル
生物学
肌寒いは
コール
近代的な
シンク

Puzzle 56

```
チ 重 嶋 登 で 狙 ひ 砂 シ お 詫 び テ リ ト
応 ェ 会 ゃ れ リ ブ イ ラ プ デ 読 ク 暫 側 弱
向 解 ッ 方 化 育 ダ ブ ル 画 論 歩 ニ っ そ ニ
せ も れ ク 歩 ー ヌ 歯 場 権 乏 向 ッ の の ヌ
ニ サ 金 楽 ぎ 時 論 ニ 多 乏 砂 応 ク ホ バ じ
ろ ぎ サ し 何 停 ス 結 弱 砂 取 り ハ イ エ っ
せ っ ニ 通 覧 止 買 い 取 側 を や ア リ ノ ア
ヒ 何 故 無 お ぐ さ 側 妊 故 は ス イ ズ ザ む
ま 加 精 京 ん ク じ 合 午 後 人 、 ブ ー 安 だ
出 ヒ 退 解 だ ラ ヱ 室 金 室 友 話 退 タ ス リ
ソ き 嶋 ま ゅ ヱ 社 芸 京 金 京 退 サ ス 多
サ セ う ス テ ィ ッ ク 海 乏 然 サ ス 安 読
ソ や ラ な ル ド 安 ひ ま 私 ハ モ ー ャ
妊 セ ニ ヒ り 安 ひ ま 私 モ ニ 応 登 ン
```

チェックを	うなり
楽しむ	友人は
スターズ	アドバイスを
ダブル	午後は、
ターン	スティック
お詫び	デプライブ
テクニック	歯ブラシ
アイリス	一時停止
リザーブ	そのもの
おばさん	買い取り

Puzzle 57

```
に 後 、 ひ お ざ ベ バ ろ 金 ク ど 無 画 安
っ 私 人 ざ 精 客 通 ナ む せ セ 嶋 化 話 レ
最 場 間 方 開 様 ナ 狙 安 加 開 ニ 圧 室 ホ
ざ も の す で 合 ド 会 砂 登 安 育 だ き 意
開 読 大 応 き ミ な 芸 せ お モ ラ き た
向 応 応 側 べ コ 阪 狙 選 っ お ひ 引 ス し
無 ツ 側 ド す い む う よ お ク エ ン お ま
安 お ド ファ ー ト 話 乏 多 ヲ リ ド フ
全 ど ファ 報 ー マ を 開 契 の プ ル 権 金 開
は べ 報 能 投 ノ 話 除 い 約 そ ン 権 ハ て
ク 芸 ク 投 ス 側 も ぎ だ の ン 育 金 安 画
歩 話 私 だ ト 結 ル 画 契 阪 て 化 ょ 出 弁
こ だ わ り ス モ 何 約 の つ ク せ 然 護
ゃ 金 お 私 ろ や ハ ふ 私 圧 だ だ て ヒ 士
```

そのような	ノート
クリーン	バナナ
、人間の	フレンドリ
引き出し	ファーマー
ました	契約の
こだわり	安全は
ミリタリー	お客様
グループの	を除いて
最も大きい	弁護士
すべきです	、後に

Puzzle 58

登 ひ 然 摘 応 登 チ る 京 金 の 人 大 本 向
辞 れ お や 会 冷 た い な も 何 ト 丈 側 会
圧 ょ 話 妊 、 国 際 ゴ ま カ ざ つ 夫 ど 何
応 囚 芸 ト ス ー ゴ っ ほ と ん ょ ど 精 育
ク オ リ ィ テ 解 百 持 ア メ リ カ ン 然 嶋
ゅ む ツ 有 登 ッ ど で ニ 話 値 結 登 だ 結
ド レ ス 用 精 プ な 出 リ ド 圧 す る 写 覧
ス 乏 退 社 加 ハ 割 場 ニ 値 ざ サ だ ニ
歩 ク ェ 所 砂 ク り 能 ン ド 圧 狙 レ ッ 摘
自 信 を 持 っ だ ゅ 再 り ざ ぐ 多 ジ ス
く ま だ 圧 通 ス ひ 込 ぼ み ン レ ト カ
金 ぎ エ ひ 退 歩 ソ ー セ ー ジ ヌ 進 化
ぼ で 結 妊 無 告 白 に 無 論 て 合 カ っ サ
じ べ 妊 告 白 重 阪 リ も 故 精 嶋 カ っ サ

持っている   大人の
ステップ   ストレンジ
アメリカン   大丈夫
有用な   ゴースト
割り込み   ほとんど
ソーセージ   スレッジ
何もない   冷たい
ドレス   クオリティ
、国際   値する
自信を持って   告白に

Puzzle 59

```
つ芸ろ通安ひより良い卒画、退ぎ
コま合クツ読レトどサ業ますべ辞、
嶋ぽ先ッ軽自動車暫論証無べけ法
京方方カツ愛私っぎ合書阪てる的ぎ
ニれドーワォフコンテンツのれエテニ
嶋読合ー出べ最ライフ京まイル登ホ
化画ゅボ登レぎもクロコだル登ソ
イソギンチャク金裕応方所だニ悲圧
進ラ故イ出加弱応るなエ本劇ヌ
理選チレオパード方選モ側むん
由ニ安ェ会ひ妊画的再辞お
はヒれれア所ソゅ開側投然
応結何進金ーレグト覧ん芸因
安ルも育嶋側トつ読故まリ囚然
```

ソング	クロコダイル
、すべての	より良い
チェアー	悲劇的な
クッカー	つま先
避ける	、法的
イソギンチャク	レインボー
レオパード	卒業証書
最も裕福な	コンテンツ
ライフ	理由は
軽自動車	フォワード

Puzzle 60

ニ の 基 本 的 な サ 干 だ ホ ホ 登 歩 結 っ
ュ 用 ま 開 出 砂 ぐ 私 ば ふ だ 私 だ ハ ぎ
ー 採 進 チ ハ 重 サ 閉 つ ラ 本 高 モ 度 を
ス ノ 故 て ス 加 プ 退 妊 タ ウ ン レ 金 京
ゅ ト 合 乏 ド む ロ 妊 込 ス る て ニ 進
意 ニ し き ニ パ お 育 囲 め 砂 ひ 然 ぎ
ウ ウ イ ク ツ テ 応 ニ レ 囚 場 ホ ま ア
ェ 投 ソ ひ 登 ィ ニ ら ド 写 向 ぐ キ
イ ニ む 精 愛 ソ 作 れ ぼ 重 ふ ュ
ク 読 阪 が っ ヒ ろ も 写 向 覧 ー
化 写 モ 狙 側 退 愛 何 、 重 の ズ
土 ひ 化 再 で こ さ せ ら カ 狙
曜 論 ャ ン り 読 ス ク 覧 写
日 人 的 に ー 圧 だ っ エ る カ だ

タウン   ニュース
プロパティ   の基本的な
がっかり   クマの
キャンペー   土曜日
個人的には   オンドリ
閉じ込める   高度を
採用の   アキューズ
干ばつ   どこかで
ラクダ   ウェイク
、さらに   作られ

Puzzle 61

```
ホ る の 金 整 育 ぼ 開 つ シ 読 ホ 精 フ 結
ク せ オ 、 備 論 ざ お 投 ン ヱ ん 加 ィ ゃ
砂 乏 フ 以 士 フ 出 反 ム 所 ュ で ッ 二 砂
ょ 側 ァ 前 解 ァ ひ が も 何 シ 登 ト 二 何
だ て ィ の 投 ヌ キ 化 会 ス チ ャ ィ ワ 一
っ 登 デ デ 再 ャ れ ひ っ ド き べ ウ 場 社
辞 く ン リ ャ る だ ト ひ 多 だ だ 私 ス ひ
登 レ ツ ビ 応 ン レ リ べ ニ ひ ベ ル ん 会
っ で 応 ン 場 グ リ 京 ラ べ ワ 方 だ
エ 多 キ ツ ノ 場 ラ ギ ク イ 重 せ ヒ
ド れ 安 応 多 グ ぎ 論 リ 向 ズ ぼ 多 ぽ
会 議 の エ 選 り よ ホ ア く 摘 阪 ょ ひ
場 阪 ラ く 合 百 ぎ フ 金 ま 所 会 ひ
ク ラ イ 摘 っ ぽ ト 阪 開 ふ 無
イ ム 選 合 ひ
```

会議の   リビング
のオファー   読んで
クライム   の反対が
キャンディ   シャワー
ファーム   ウィッシュ
フィット   シングル
トラベル   ワイズ
キャンディー   ギフト
より多くの   クリア
、以前の   整備士

Puzzle 62

合	開	だ	ふ	エ	ニ	妊	エ	ヱ	ト	嶋	摘	室	着	適
む	再	り	ん	ッ	れ	ん	ぎ	辞	結	ん	ぐ	サ	用	用
出	進	し	ょ	セ	多	合	使	用	さ	れ	る	囚	済	し
芸	故	せ	ろ	ン	ク	れ	ヌ	ー	場	ク	ぼ	た	み	ま
ぽ	論	ひ	語	ス	レ	タ	ス	キ	っ	登	リ	め	ぼ	す
能	モ	ホ	っ	故	社	辞	ル	ャ	会	砂	臆	に	き	レ
ひ	ツ	暫	た	ふ	わ	ふ	わ	シ	ッ	ク	病	準	プ	ク
リ	ジ	ッ	ド	ス	ピ	ー	チ	を	お	写	者	備	レ	リ
感	動	を	嬉	し	い	進	精	覧	退	気	無	摘	ー	エ
て	モ	場	ま	れ	ヌ	何	画	ノ	場	応	に	せ	ト	ー
間	違	い	論	開	だ	や	ツ	報	ラ	狙	故	入	は	キ
京	場	然	ハ	重	私	意	ひ	会	故	精	故	本	り	ン
リ	リ	画	圧	ヌ	ハ	ぼ	会	芸	精	サ	ニ	ろ	モ	モ
モ	ぐ	む	乏	精	む	ま	で	画	報	登	チ	サ	や	カ

使用される	お気に入り
ために準備	シャキー
レクリエー	スピーチを
間違い	着用済み
プレートは	レタス
リジッド	嬉しい
ふわふわ	感動を
語った	エッセンス
モンキー	臆病者
適用します	シック

Puzzle 63

現 合 ぐ 向 ス サ 会 テ ブ 何 カ 側 嶋 応 ド
在 ピ ヒ 報 フ ト 然 所 ラ も ひ 退 だ 本 る
の ベ ザ 辞 ラ ひ プ ふ リ リ ス 応 金 進 る
と ヌ 結 を ッ ー ン ふ ン ド ニ 高 百 再 ト
こ 百 愛 登 ト 故 ト 伝 ド 多 テ 速 ろ 言 然
ろ 警 サ 私 ん 暖 ッ 統 多 狙 む 道 宣 べ に
囚 結 二 は だ 炉 コ 的 狙 ヌ 結 路 乏 ク 覧
権 く ぽ し 膚 が な ヌ お ひ コ 場 ぽ 化 私
愛 報 す き リ 皮 て コ っ お 場 オ 権 海 選
実 行 る 何 ス て リ モ 写 っ 二 ン 方 レ 狙
阪 ツ 、 の ト コ ス ン パ 写 ぎ 画 圧 場
出 登 サ 茹 無 辞 ト べ や 二 済 室
話 私 し 二 報 室 故 画 信 モ ん
砂 乏 二 金 圧 や 読 リ フ ォ ー ム 能 ハ

送信済み　　　　　　警察は
高速道路　　　　　　茹でる
ストーン　　　　　　リスト
コンパニオン　　　　現在のところ
フラット　　　　　　伝統的な
コットン　　　　　　リフォーム
ピザを　　　　　　　ので、
皮膚は　　　　　　　ブラッド
スリップ　　　　　　宣言に
実行する　　　　　　暖炉が

Puzzle 64

巨 大 な 刻 深 ス 笑 ツ 持 ん リ ろ ソ 会 じ
コ 室 ん せ ニ 有 っ 海 っ 狙 ヱ ア レ っ き
エ ひ み 解 画 す て 阪 て ホ ダ ク リ た 向
ぽ ま ヌ 安 開 る い 説 来 結 ぐ 覧 ひ 自 ィ
ま 海 チ 場 ぼ ょ と 明 て 精 ょ 応 ぎ 然 精
向 ク 話 砂 結 暫 い 説 不 思 妊 暫 の 加 阪
こ 室 論 嶋 側 狙 リ 明 ウ 故 育 ホ 士 摘 の
ん っ 嶋 話 囚 狙 安 選 育 ィ 暫 兵 重 れ い
コ ン ト 嶋 安 囚 京 能 然 レ 再 芸 要 開 笑
ま む 嶋 で ふ 登 れ 解 能 グ べ ル か 妊 で
も 話 ひ ピ っ ふ 京 セ 育 リ ぎ 側 つ 退 ヒ
ぎ レ ピ む ア 場 合 ン ト ラ べ 私 な じ
モ 結 む 場 合 狙 せ ト ヒ ひ 場 画 ィ る
ド ニ カ 狙 せ 出 ホ タ ル 京 サ ル ヒ

笑いの
セントラル
みんな
リアリティ
不思議
笑っていいとも
ピアノ
説明説明し
ホタル
巨大な

自然の
持って来て
ウィル
兵士の
有する
深刻な
コントラス
重要かつな
ウィグル
会った

Puzzle 65

通	ん	合	権	私	や	ヌ	再	可	能	な	ひ	通	女	ム
ろ	せ	所	無	ト	開	摘	ま	登	ニ	ぎ	辞	室	の	ー
サ	弱	社	せ	能	画	能	ぎ	郵	便	配	達	人	子	ス
阪	ト	世	理	解	す	ぼ	ボ	許	ケ	可	の	結	方	レ
れ	ひ	紀	立	上	ち	が	り	チ	ー	し	金	す	る	リ
阪	し	を	ー	タ	プ	ャ	ク	ル	イ	ょ	も	っ	だ	圧
側	お	頓	ふ	イ	ン	ク	ラ	ラ	ン	う	う	は	は	ホ
ペ	狙	整	ひ	多	ニ	育	ん	イ	楽	重	か	ほ	ほ	安
ん	イ	海	ぎ	ク	グ	乏	進	ン	れ	故	わ	と	と	も
ク	場	ン	せ	ト	ラ	ク	応	コ	し	い	い	ん	ん	せ
金	京	投	ト	ス	フ	ゅ	ド	室	何	覧	再	ど	ど	暫
芸	囚	暫	覧	ブ	ヒ	多	ろ	何	側	再	タ	だ	ヱ	お
私	ざ	っ	ク	ス	ラ	せ	ヘ	リ	コ	プ	タ	リ	リ	っ
多	ろ	や	ニ	む	ゅ	シ	や	何	だ	読	じ	む	ノ	囚

女の子　　　　　　ボトル
楽しい　　　　　　許可のする
ちょうど　　　　　ムース
はほとんど　　　　ヘリコプタ
かわいい　　　　　立ち上がり
チャプターを　　　グラフ
郵便配達人　　　　可能な
理解する　　　　　ペイントブラシ
整頓を　　　　　　ケーキ
世紀を　　　　　　インクライン

Puzzle 66

選	ア	ポ	プ	場	権	で	論	モ	ル	シ	ェ	イ	ク	許
無	ク	ケ	ラ	れ	囚	だ	方	ま	ヒ	応	愛	ン	ト	し
阪	テ	ッ	ウ	れ	ト	贅	エ	ジ	ェ	ン	イ	ト	べ	ま
再	ィ	ト	ド	サ	権	沢	ー	だ	室	イ	タ	ぼ	ひ	す
ろ	ブ	ふ	妊	ブ	狙	ト	傾	な	選	ド	ン	う	ラ	何
エ	プ	ロ	ン	コ	ソ	ド	向	ひ	安	レ	レ	画	金	グ
嶋	、	ン	ス	ン	ビ	画	が	ど	場	バ	バ	無	写	嶋
例	え	は	ざ	パ	モ	ロ	あ	結	室	い	グ	レ	ー	セ
愛	る	ば	キ	ク	砂	場	る	ヱ	芸	ぎ	化	せ	ド	ド
ニ	多	お	ャ	ト	辞	ニ	権	読	て	や	っ	読	ヱ	ク
も	所	ざ	ラ	や	む	阪	エ	合	る	化	読	状	何	品
エ	海	社	ク	権	チ	囚	場	通	砂	く	出	況	論	質
向	意	能	タ	ラ	囚	写	れ	べ	れ	育	ヌ	っ	況	の
通	画	歩	ト	ト	ぼ	だ	だ	や	然	嶋	ぎ	ゃ	っ	

キャラクタ	品質の
グラウンド	グレード
バレンタイン	すべて
プラウド	サブコンパクト
ポケット	例えば
許します	シェイク
エージェント	エプロン
アクティブ	贅沢な
ロビンスは、	ひどい
傾向がある	状況の

Puzzle 67

```
絶 や 精 狙 意 話 側 芸 室 ど 感 謝 の っ む
サ 滅 む で ゅ で ろ ヌ 話 リ 何 本 害 ぐ れ
れ ゅ 寸 前 多 む 合 投 会 暫 じ 室 障 ニ 退
ラ 論 重 ヌ 覧 本 サ 芸 芸 べ ル ー イ ソ 精
重 だ 無 芸 ヒ 選 ゃ く た ゅ ド ジ レ 安 妊
コ 狙 だ ま 真 能 む 覧 き き 結 イ ク 報 ホ
ろ 選 ませ 愛 本 実 を 意 の ん だ レ あ ア 会
写 権 愛 心 辞 ホ ろ 通 ツ 加 シ り 簡 な て
ク 歩 海 配 妊 ぐ 重 カ ン ョ ス ー 単 せ ざ
レ モ 報 し お 重 能 リ 安 ン ル ぅ な ん だ
ぼ ヌ レ て 可 能 性 ます ご 過 ス ト い 摘 テ
摘 ぎ ！ み て し 像 想 四 く る 社 ト
画 リ る い て っ 知 や む 半 明 る い
京 解 方 る 来 嶋 ソ チ 金 期 明
```

な簡単な	可能性ます
明るい	感謝の
知っている	たちの
心配している	障害の
カリブー	アクション
想像してみて	過ごす
ありません	クレイジー
真実を	ブルーの
絶滅寸前	トゥルース
四半期	来い！

Puzzle 68

```
故 だ レ 応 の 許 セ 然 デ サ ど 場 ル 金 ざ
カ シ ョ ー ト 可 ど 囚 ィ ク ミ ヒ ブ 話 ん
コ 通 ぽ い ク す ゅ く ス ヒ 辞 ッ ラ ソ だ
き 報 重 つ ェ る ヒ 結 カ ン 結 ラ ト ぎ 応
場 囚 ま で ジ ヒ エ 弱 ッ 精 狙 だ 化 選 場
で 読 社 も ロ ョ ン 場 シ 暫 鮮 解 ど ッ ひ
安 ス む ス プ ノ ド 重 ョ 新 ナ な く ょ そ
砂 も チ 戦 エ エ ウ い ン モ サ シ 阪 む れ
ゃ ソ 私 ぼ 、 ド 豆 私 ら 海 ー 意 ス か ら
阪 論 摘 じ 応 ス の 権 安 い ら ビ ン ェ 報
写 む ブ 読 解 リ じ ざ 権 読 ゲ 故 ヌ フ 摘
化 本 ー ヱ 乏 ロ プ ざ 合 ス れ 狙 カ セ セ
選 辞 ド 読 せ セ リ 権 向 狙 だ ヌ 芸
は 求 め ま す 投 弱 向 リ 砂 ヌ 芸
```

サービス	、プロジェクトの
戦争の	エンドウ豆の
は求めます	ショート
それから	サミット
シナモン	新鮮な
トランク	プリザーブ
フェンス	許可する
トラブル	いらいら
いつでも	ゲーム
セロリの	ディスカッション

Puzzle 69

```
ニ グ ゅ 会 サ ゅ リ シ ー ン ホ や 京 リ 阪
コ ー エ 室 ン ゲ カ ト ー レ ジ ク ジ ま 進 弱
ぎ ス 合 芸 ド カ ベ ル ょ ェ 方 ェ フ 弱 ス
多 ベ ニ カ キ の ロ プ ん ン 何 ネ ィ ギ カ
テ リ ヒ ざ ャ 読 ゃ ぐ プ き ト 場 ラ ュ ー
百 ー き 愛 ッ 歩 ち ん き リ ル ク シ ア フ
ぎ ま コ 弱 ス 赤 芸 お レ ル 開 テ 向 ク
退 ゅ だ 結 ル ヒ 開 辞 リ ン ょ ィ 芸 ぎ
キ ず か ピ ド 化 暫 摘 開 ょ 開 だ 応 会
恥 ず か し が り 屋 セ む ダ 弱 ん く せ
イ ン デ ッ ク ス ク ッ シ ー 砂 テ ィ ー ヌ
弱 レ 海 出 れ 写 べ 登 芸 つ 結 カ ぎ 画
イ ン プ レ ス 海 リ 阪 ク レ て 出 ひ ー
囚 進 っ 応 ょ ょ ふ コ ノ ト レ 摘 サ ぐ
```

サンドキャッスル	ダーティー
トカゲ	グースベリー
赤ちゃん	スカーフ
シックス	インデックス
インプレス	リトル
フィギュア	ロット
プリンス	レート
ジェネラシティ	恥ずかしがり屋
ジェントル	キューピッド
プロの	シーン

Puzzle 70

```
て 安 画 ニ 所 ま ま ぼ ま 所 ん バ れ 権 向
愛 ヱ ラ レ 妊 エ 嶋 ソ 通 無 テ イ エ ク 意
百 ヱ 愛 ソ ひ 京 き ヌ せ 摘 再 て き し 解
リ ぐ ル ラ 私 カ リ ト 乏 多 ニ ぼ な り ひ
重 ヒ イ ギ ニ ン ジ ン 歩 ホ 暫 進 か な 妊
フ ス ク 再 あ り が で う ！ エ ッ 能 り 乏
パ リ サ 室 り ニ で ム ニ 育 ツ ぞ す ば 方
ブ 砂 ッ 破 た ス ト ア ー ト バ 故 で オ き
リ む ュ パ 論 ぽ ボ ッ バ リ ッ ょ 無 ー 合
ッ 囚 ギ ク だ ワ ト ネ き ち ん と 金 飛
ク 乏 ぎ ー ナ 報 京 育 覧 登 ソ も で 読
投 結 っ 乏 ト 京 金 だ 本 テ 投 嶋 滅 し
写 れ 加 海 ー ヒ 合 く ろ 解 も び 故
ひ ま ニ 出 パ 場 摘 所 有 す る び 滅 ニ 圧
```

オーバー	ありがとう！
パートナー	ボトム
飛ばすぞ！	リバース
破った	フリッパー
ストアート	ギュッ
バイク	滅びる
かなり	ネットワーク
フット	パブリック
所有する	ヒイラギ
きちんと	ニンジン

Puzzle 71

所やくぼ面アょ歩妊会せ発む画
やサっチぽネレ結ぽモ芸達登故
再弱れラやイモ結モン応を多っ
辞ま安ひ圧サ。モネヴき辞やレ
で多本ア乏ー重ネ加イで化覧進
登画サウテプ阪。ふレろれラエ
テぎひトリテニ然退ぎひ場室囚
結私私カ摘ヱスふ止関ソだでん
登だドム意チ解ストま係ルルっカ
リリーン使ヌぎ狙れだの論結ー
無タタや命びっ砂っ所府じ解ル
コーンははニく！重覧政室ドプ
チトざふはだり進話エ嶋摘報ッ
退多もラ阪、ぎメリ開京砂カ

止まれ！	アネモネは
チーム	フレンズ
面白い。	関係の
テニス	メモリ
テープ	カップル
アウトカム	政府の
リターン	リード
使命は、	カール
結論の	びっくり
発達を	レイヴン

Puzzle 72

加 せ る ブ ー カ し ハ ネ 歩 く ひ 会 ド だ 海
開 セ カ し ハ ネ 歩 く ひ 会 ド だ 海
議 論 の な す デ ィ ス プ レ イ ス
圧 ヌ か ラ レ ブ ン ア 所 ト ふ 安 暫 暫 べ
結 や イ る く を チ ン の 弱 く 能 精 所 投
穏 ら 狙 ら ざ ル リ 所 出 っ せ 向
ホ イ ホ ら 権 囚 通 海 百 セ っ ぼ 向
画 セ ン 覧 私 し る シ 化 証 明 す る じゅ ん
ひ っ ア 故 よ ツ ょ 士 場 開 カ ヌ ル 私
阪 側 摘 っ た 向 だ 消 イ ま ト 権 応 解 ト ぽ ト
加 ラ ト や レ だ は ス ラ ク や 然 コ ト 故
側 ふ サ 乏 場 る す と う よ し ラ カ ま ぎ
ょ ラ ン ド リ ー 応 多 向 ニ ウ 場 し
側 ラ ン ド リ ー ク 応 多 向 ニ ウ 場 し
せ る ブ ー カ し ハ ネ 歩 く ひ 会 ド だ 海
何 囚 ぼ ン 画 応

アンブレラ　　　　　スポット
やったよ。　　　　　アセンド
セブン　　　　　　　つららを
クラスは　　　　　　消防士
しようとする　　　　カード
ネック　　　　　　　ランドリー
穏やかな　　　　　　スイミング
ディスプレイス　　　証明する
ラウンド　　　　　　イライラする
議論の　　　　　　　シールの

Puzzle 73

```
デ セ 話 ス 室 ろ 劇 場 を 加 出 通 ひ ひ 百
ィ て ギ 無 多 ボ ー ド ぎ 覧 じ 社 じ 社 多
レ カ ガ ハ 海 ニ ブ 精 っ 精 し だ
ク エ ン イ ラ 応 ニ ナ 故 プ ャ 器 ど シ ヒ
タ 画 ティ ヱ ヌ ふ モ テ バ ー イ ス ど せ ョ
ー プ ッ で は な ト ル ド ソ ス ソ せ し ウ
も 狙 ク ホ の ソ シ ア ソ バ セ ク し 裁 ク
る ニ 乏 ぼ や ー ぎ ル ジ ッ ー ス 裁 判 セ
ラ 退 ん ノ 然 せ や ジ ー ク ろ ー 判 官 だ
チ 向 論 ノ も ぎ ひ の ひ フ 砂 る 官 の ド
開 権 イ テ ふ ひ お エ 百 ォ 加 フ の レ ス
、 暫 ク 愛 ふ 故 ン ノ 本 ル 的 ル き 解 こ
ょ 選 無 ど 本 金 画 ト む 合 登 ん レ て
ま 選 無 ど 読 リ 話 ぼ れ 再 金 社 解
```

ソーセージの　　　　　フォールト
ギガンティック　　　　絶望的な
アドバイス　　　　　　劇場を
ディレクター　　　　　のソーシャル
炊飯器　　　　　　　　ボールド
ヒョウ　　　　　　　　ソックス
ライオン　　　　　　　テーブル
ホップ　　　　　　　　モニター
ではなく　　　　　　　、インテリジェントな
シャープナー　　　　　裁判官の

Puzzle 74

```
砂重し無ダょド重プニ出ニコタま
圧お火圧進スくテ要ラ致命的なレギす
登くお進ニくテなスチ命縮物しだる
海ぼズ解ニ!テ論なチ致縮物登意だ乏こ
も登サ—ティ!論べべいクク人読出精だ化と
登嶋ニまニケ貧しテ本シ嶋狙砂ヌ食論きと
嶋二摘読ヌ京囚本しモひ重読結ハ場ドクすだ
摘太読陽も歩社しセろじ再開私場ソ海だ
太重陽狙の光育ーフじ精ヌブ妊室ぐ側応ル
重阪狙ス摘結進ラブラ結方ブパニれだ室砂
阪取るス妊投所ぽてて結妊ロイット応ル砂
```

ダスティ   プラスチッ
クロック   ホッケー
セーフ   貧しい人々を
することを   取ること
太陽の光   火事!
重要な   サーティー
タマネギ   食べること
致命的な   ラブ-ラブ
濃縮物   パイロット
ニーズ   ペーパー

Puzzle 75

```
納 サ ボ 方 摘 ズ 乏 重 精 室 金 ホ ひ 論 組
ソ 得 ン ロ テ ン ト ウ シ は 算 リ 方 弱 織
阪 ツ さ グ ー ト メ 歩 エ 計 乗 し ま す は
本 解 嶋 せ ラ メ ブ く オ 算 じ ヤ レ ネ コ
ど せ ニ モ ル ス 画 ブ 社 応 オ ゅ ニ リ 合
生 姜 は 、 ！ 選 は ロ っ 愛 じ お ソ ア 登
会 静 か に ク 場 い ー て 金 愛 応 阪 ラ 百
方 リ す ペ イ 感 せ つ 京 権 の 辞 暫 イ 京
く 然 べ 愛 メ 民 じ 報 承 こ ス し も ズ 歩
ヌ ル む 育 ひ ド 間 る 伝 の ホ 弱 べ の 弱
ヱ 妊 ぎ 圧 ド 安 だ 伝 ス ホ ま 重 れ て 加
ア プ ロ ー チ コ 安 愛 愛 ま も 育 ひ べ 方
化 阪 ょ ス ド 金 会 会 ひ ぎ 弱 ヱ レ す 歩
ト ふ 愛 ト 加 安 場 乏 く 育 重 多 乏 歩 ゃ
```

民間伝承の
サングラスは
乗って
ついに！
すべての
ブロー
リアライズの
納得させる
ボロー
メイク

メンズ
アプローチ
感じること
テントウムシは
組織は
オオヤマネコ
リスペクト
計算します
生姜は、
静かに！

Puzzle 76

```
、正確に意テド多故れル狙ぐせ摘意
故銀行ので パク リオプションンセ本べ
報クぎ社サクーマ選ラ側ペしッツくぎ
結ロぎ海私ッリドンもツんクク権合
きス囚ス選ャトつヒ引ツニ登い重プ
エ通れ解ブキふアれ出っ二張クロ
進写歩リスひヌどじで張ルる重グ
映画館はツ方ざ読ヒてせ入舞ラ
選再スト妊多応ルコ選能るせ振本ム
プラント芸ぼ多出せエラ場せ植本ス
シ無辞精弱エャ本ひ無加者多
ャ室明確な写辞ゃだーどぽヒ写お
ーリで圧故ひ結ソ登所加ぎ妊解
プ精化ヌで開出出再精所ょ嶋ス
```

キャリー	プログラム
引っ張る	銀行の
映画館は	アヒル
もつれ	シャープ
、正確に	エラー
プラント	入植者
振る舞い	パードン
ペック	ブラック
マーク	クロス
オプション	明確な

Puzzle 77

```
読 登 フ ォ ロ ー 所 暫 故 育 ド エ ス ル フ
唐 違 う ん だ 。 だ せ チ ゴ ラ ス ア ト ァ
然 辛 嶋 覧 じ 声 を 出 し て ゴ 選 期 ー イ
カ 通 子 の 例 で は 、 ぼ 開 ン 化 待 タ ナ
乏 ー く 社 圧 辞 意 百 て 海 私 ネ す る ル
再 ヒ テ 走 れ 。 ま 化 数 加 圧 ク る ミ カ
多 然 ま ン だ 囚 阪 何 多 モ 退 タ フ ル エ
出 話 ク ス ニ ヌ ホ 加 く 京 ん ー 阪 ク 狙
妊 じ 再 安 ぎ ス ル の 方 ホ ホ 写 せ ロ ド
再 ま ク ヌ 妊 会 ふ 社 ス ト ス レ グ ブ プ
ひ 開 ニ 私 会 む 所 休 ト の 写 ラ 向 阪 覧
圧 つ 覧 狙 方 ヌ ス ぼ 日 ツ の 写 ひ 何 サ
能 芸 通 る 写 ス 妊 再 通 応 向 百 っ ソ
に も か か わ ひ 側 べ む ニ 京 ま ょ ざ
```

走れ。	声を出して
唐辛子	ファイナル
の例では、	エアー
休日の	エルフ
違うんだ。	数多くの
フォロー	ドラゴン
タートル	ブロック
カーテン	ネクター
ミルク	期待する
プログレス	にもかかわ

Puzzle 78

多	本	狙	ょ	加	ル	ボ	塗	愛	て	感	イ	ン	チ	に
京	権	覧	向	ム	場	イ	り	コ	応	じ	イ	ー	ジ	ー
落	ち	着	い	場	ス	つ	、	ら	た	ェ	画	ヌ	ま	ぎ
急	げ	！	じ	開	嶋	や	っ	ぼ	ど	ウ	芸	バ	ニ	出
ス	ト	ロ	ン	グ	や	自	転	通	ヒ	イ	ネ	ッ	加	し
ピ	ッ	キ	ン	グ	精	覧	車	ヒ	レ	ハ	ィ	ジ	ト	カ
ヱ	然	投	ひ	私	故	る	狙	せ	カ	阪	ハ	ハ	暫	妊
ざ	ぐ	海	ヌ	無	私	ょ	囚	む	モ	阪	ル	ル	弱	囚
場	摘	出	ぎ	然	セ	れ	結	フ	孤	ン	ラ	加	精	写
ヌ	ろ	百	精	ス	ソ	能	画	ク	独	読	ト	精	論	登
カ	室	く	精	ぽ	ド	能	だ	ロ	私	な	報	論	金	開
ゃ	意	ゃ	砂	本	百	海	カ	ウ	選	化	化	金	ょ	室
重	通	っ	セ	ニ	能	登	ウ	阪	ん	室	室	ょ	向	リ
ぎ	、	マ	ウ	ス	の	読	ヒ	ソ	だ	読	ふ	ヱ	登	

、マウスの　　　　ボイス
インチに　　　　ハイウェイ
孤独な　　　　　自転車
ピッキング　　　ムカデ
イージー　　　　フクロウ
ネイル　　　　　感じた
バッジ　　　　　たら、
塗りつぶし　　　レモン
選んだ　　　　　急げ！
ストロング　　　落ち着いて

Puzzle 79

ガ	室	然	方	百	本	通	い	歯	ざ	て	通	っ	社	京
ン	精	神	的	な	リ	乏	つ	磨	憎	し	画	デ	ト	ょ
ダ	論	覧	摘	室	ル	愛	も	き	妊	決	ょ	ィ	デ	ボ
ー	れ	権	再	再	ぎ	京	の	粉	妊	砂	ゅ	ベ	方	ク
ざ	っ	ひ	加	嶋	登	フ	加	ま	海	場	愛	イ	ゃ	登
だ	識	好	ヒ	バ	タ	ヱ	ラ	イ	場	エ	ど	ト	れ	間
報	登	別	き	選	場	通	合	囚	チ	リ	サ	っ	ゅ	違
エ	ノ	ト	す	だ	モ	ハ	ゅ	エ	ク	ノ	ル	囚	乏	っ
エ	ひ	ヌ	の	る	っ	た	な	ピ	リ	ヌ	ブ	弱	ぐ	た
弱	ろ	ロ	身	自	ぼ	ぼ	あ	ー	室	ダ	選	ウ	ホ	
方	乏	ろ	プ	室	く	ぼ	う	れ	ん	草	の	お	ェ	ニ
て	て	ひ	、	リ	だ	出	何	っ	ろ	百	て	カ	ー	故
リ	故	ゅ	再	愛	ズ	ン	会	意	ふ	応	海	読	ブ	選
セ	室	ぎ	も	リ	暫	会	ハ	ハ	応	海				ノ

ウェーブ
ディベイト
ハッピー
ほうれん草の
憎しみ
決して
プリズン
いつもの
歯磨き粉
ボディ

バタフライ
あなた自身
、プロの
精神的な
リーク
識別する
間違った
好きだった
ガンダー
のダブル

Puzzle 80

ろ	重	百	場	京	モ	ニ	く	ざ	し	ゅ	私	ス	再	乏
行	れ	だ	き	愛	ど	登	ひ	猫	京	画	登	リ	権	ヌ
結	き	チ	ぐ	所	こ	結	ち	し	ス	し	ラ	合	弱	
ヱ	で	ま	れ	壊	再	ド	ゃ	ル	エ	ひ	リ	の	ぎ	
妊	進	チ	す	ざ	れ	じ	ん	キ	ュ	ウ	ぐ	ボ	む	
ト	ど	多	ノ	囚	ぎ	た	場	所	ヒ	所	イ	妊		
注	意	深	い	も	方	途	囚	無	は	画	ド	プ		
ド	ト	写	な	本	選	ニ	ー	プ	ン	シ	ス	レ		
メ	嶋	摘	チ	場	暫	通	ニ	辞	ョ	ャ	リ	ン		
ン	イ	シ	テ	つ	や	ク	金	ス	シ	ヌ	カ	テ		
バ	だ	論	ざ	く	セ	フ	ニ	解	ク	摘	出	ィ		
ー	や	期	や	リ	向	退	ホ	て	レ	ッ	ス	ソ		
れ	京	間	嶋	ら	だ	泥	ン	ど	コ	ラ	登	弱		
や	サ	の	の	妊	ソ	フ	ト	ン	ロ	フ	多	の	ニ	

キュウリ	行きます
途方もない	壊れた
クレスの	期間の
ソフト	コレクションは
プレンティ	フロント
シャンプー	シャイン
泥だらけの	これまで
リラックス	猫ちゃん
注意深い	メンバー
のボイド	スニフ

Puzzle 81

結 て ヱ っ カ 登 退 マ ツ 何 む ホ 、 結 要
ヌ チ 無 ヱ 会 イ ン タ ー セ プ ト は き 求
労 働 者 エ 完 璧 だ ！ イ テ 暫 カ ク 受 す
で ぼ 室 の ポ ー ズ 応 ス 応 む ク ー け る
背 の 高 い ょ 加 ツ ふ 合 安 コ テ パ 入 え
ハ ン グ リ ー る 砂 ツ じ 本 ン ル キ れ 消
っ 結 ラ 歩 狙 然 狙 覧 会 嶋 ピ チ ャ る 登
選 場 ろ 技 ふ モ 写 開 化 報 ュ ャ ン 安 ヱ
レ 投 投 ろ 術 ポ ジ シ ョ ン ー 私 場 ペ 権
再 ヌ 側 む 無 の き 何 百 重 タ ス ー ヱ 芸
ウ 加 何 開 っ 登 ノ つ 写 写 話 ン ぎ 方 加
解 サ 成 長 し ま し た 画 ラ 本 ク ひ 方 方
セ ヌ ギ ツ を ま ト 愛 報 棚 ツ ホ ス 社
ょ 重 ク を ま ト 愛 報 べ の 妊 だ つ 育

完璧だ！	受け入れる
インターセプトは	カクテル
ウサギを	技術の
ポジション	成長しました
本棚の	スイーツ
消える	ハングリー
テーマ	要求する
コンピュータ	労働者
パークは、	背の高い
のポーズ	キャンペーン

Puzzle 82

```
投 登 解 画 阪 カ ク ぽ 活 つ ト ク ま ぎ ト
見 芸 加 退 ヱ ラ リ 嶋 動 合 も 歩 妊 ず 金
て リ 会 結 ラ リ ッ ひ の ひ 登 応 食 チ は
！ じ き や フ プ プ 側 チ ス 社 器 ト ル 父
ベ ノ カ も な 側 ゃ 写 故 で 私 棚 化 精 叔
重 量 を ん も こ 安 れ レ リ 所 忙 し い 論 読
砂 ん テ 働 く だ と ア ー ク ぼ ス れ だ ス
登 進 ま 権 も 登 意 ー ク ソ ス 重 な ボ ぼ
罰 育 能 れ 暫 れ っ ショ ソ ー ファ 育 ト ク 画
ト す 通 暫 歩 や 安 進 ー 貴 ー 論 ま い は
ク ホ る 論 覧 ぎ 囚 意 ン 重 砂 ト 能 室 海
ス ク ラ ブ ク チ テ 圧 ざ 育 ま ュ 室 ニ
ぎ ラ ひ ら 側 進 愛 故 ヱ ゑ ぎ ニ ア ル
ツ ブ ス 覧 場 方 論 ル 故 ヱ マ ニュ ュ ア ル
```

クリップ	罰する
貴重な	トンボは
ソファー	マニュアル
まずは	スクエア
レクリエーション	叔父は
見て！	重量を量る
活動の	食器棚
チェイス	カラフルな
働くこと	スクラブ
ブック	忙しい

場 場 妊 選 同 生 登 っ ぼ ざ ざ 進 で ト ク
応 応 百 場 意 き く サ チ ぐ 然 ひ レ ジ 応
買 っ た 会 す ひ 社 辞 せ 化 乏 ャ ー ろ
側 て ひ る る い 愛 読 嶋 合 重 モ ー 辞 画
ギ 向 ヱ 室 い 百 砂 ざ 将 む だ の リ 最 圧
ャ 狙 ょ レ る 論 ソ セ 解 来 ん 近 カ 最 本
ロ ク レ ー チ ス ス ク サ ド 砂 最 ざ ま
ッ 役 ド を い ル ベ ト ッ ょ 加 乏 精 ニ
プ ン 割 出 読 阪 ス 退 ロ 何 愛 覧 ト ま
に も サ 暫 会 チ 乏 愛 再 カ ぼ ロ 場 場
れ っ 暫 会 阪 クス 登 ヱ ホ 私 ン ビ ヌ 写
妊 金 ス 一 も べ 妊 コ ー ス 投 ど 向 弱
然 ド サ 登 ざ ツ 百 登 だ ン 無 ま だ
化 ヱ ゅ 結 弱 の 応 権 加 っ 結 ま

ギャロップに　　　出会う
同意する　　　　　ポット
将来の　　　　　　役割を
最近の　　　　　　クレードル
買った　　　　　　ロック
もう一つの　　　　生きている
トレジャー　　　　ロビンス
最後の　　　　　　コース
ベスト　　　　　　サンプ
出会い　　　　　　サクセス

Puzzle 84

```
以 だ ひ る 側 カ れ 登 金 て ク 何 カ ト 摘 ホ
る 来 解 っ ハ じ プ 阪 こ に こ は ラ イ 芸 ゅ
愛 芸 、 サ ン セ ッ ト ひ こ そ 乏 ア ル 乏 ま
解 乏 ノ 写 百 リ ト ェ 囚 そ っ て 無 だ ド 側
愛 登 面 白 い ト ェ ょ 解 ら 本 無 ど も 化 応
ラ 故 む ハ ー フ ス フ ふ リ ク ど 私 ら ら 出
ま 退 合 乏 摘 愛 何 投 ハ れ コ 本 だ せ つ 論
レ タ 使 摘 用 さ れ 場 ト で 困 鉛 も が だ っ
ま コ だ 加 エ ヌ っ れ ル ス 向 筆 私 再 る の
カ ラ フ ル ス ペ シ ャ 海 パ イ 向 重 化 り ゃ
き て テ ス レ ク 海 だ ル イ ダ 妊 ら り ま ト
ニ 加 ヌ ス ア ケ 加 解 エ ー 、 ど せ よ 金 精
フ ラ グ 暫 ケ ひ 精 ト 多 百 囚 よ り ま
画 クル ル せ 能 セ 多 投 側 ょ 百 囚 ト 金 精
```

トライアル	そこに
、より	つらら
カラフル	レタス使用され
ストリップ	面白い
ハーフ	困らせるの
スパイダー	スペシャル
フラグ	クレス
フェルト	サンセット
こんにちは	以来、
鉛筆が	ケアレス

Puzzle 85

```
だ プ ニ れ 懸 ミ パ 能 写 れ 再 で ク 重 画
結 つ ラ サ 念 ス ー ワ イ 報 応 合 圧 場 然
ま き メ ン 事 テ ス ち ン 化 愛 て ざ や や
だ ソ 幸 デ 項 リ ト む 達 し し 登 や 再 加
よ 痛 ノ せ を ー ニ ょ し だ モ 側 ド む パ
ぐ い ん ィ み ア じ っ 読 ぎ し 権 む ニ タ
素 ほ は さ ふ 育 出 と 摘 ぎ ぎ 精 ニ 場 ー
晴 ど ブ だ さ 能 サ ニ ぶ 化 ぼ 囚 場 コ ン
ら 進 ー 意 百 サ ス せ っ 下 ト 然 コ ー だ
し 待 ロ ゃ 金 所 お 加 引 が タ 化 ー 化 お
い っ ー ざ 覧 ひ 能 登 ク が る イ 然 ニ ス
チ て ド 報 も ト 弱 だ ラ 京 タ 囚 サ コ ま
ク ！ ー も ぐ テ 論 重 ブ バ 然 論 ュ コ 何
解 ぼ 乏 覧 場 チ 結 ま 二 論 ス ゅ コ 何
```

痛いほど	引っ張った
ミステリー	パート
クラブの	プラン
ちょっと	幸せを
待って！	素晴らしい
懸念事項	ワイン
タイニー	達した
メディア	はさみ
ワードローブは	ぶら下がる
バンの	パターン

Puzzle 86

投 歩 ノ ト 話 ブ 覧 ぎ 百 ド る ド ソ 場 む
ゃ 話 方 ト 弱 ル し 解 何 ラ 私 ト 弱 コ 精
お し ゃ ヌ れ ー 場 で ジ ゴ リ マ イ ン ド
投 弱 暫 演 っ ム ア イ パ が ぽ ホ 消 し 砂
退 育 応 技 通 を ロ ょ 向 結 レ 会 ク ど ノ
ざ 話 だ は だ 海 フ 結 の も 投 ゃ ゴ チ 故
ヒ ー ト じ シ ァ ム ゅ 砂 向 覧 ひ ム 退 海
っ タ ー め 月 曜 日 ぎ 辞 っ 意 暫 ヱ サ む
無 ン ケ ！ ト ヱ テ ざ 尋 ノ じ 私 イ 囲 ひ
何 エ リ 方 パ ニ っ 尋 方 レ ょ 海 ア の 私
会 海 デ 方 向 セ ト り 画 場 カ 周 ス 解 加
登 お き 読 ヌ に リ る ヱ ト ス ど ノ 海
で き 百 る ゅ 登 読 ひ 化 こ れ ら 暫 て 私
ヌ モ ヌ く で だ も 本 京 進 辞 暫 愛 海

エンター
バンパイア
ものが
アイテム
方向に
デリケート
パセリ
ヒート
チャレンジ
フロア

これら
演技はじめ！
尋ねる
周囲の
ドラゴンが
月曜日
ブルームを
リマインド
消しゴム
システム

Puzzle 87

画	ハ	も	リ	ほ	む	つ	退	関	解	だ	応	歩	ヒ	応
ひ	進	暫	ッ	か	ど	選	ぐ	成	連	場	む	ブ	ノ	ま
弱	辞	行	チ	に	然	ゃ	芸	熟	向	す	ニ	レ	ぼ	ヌ
愛	加	っ	百	っ	囚	能	愛	し	ぼ	歩	る	イ	レ	百
ノ	精	た	育	ひ	報	手	海	た	画	る	登	ク	妊	京
だ	ま	囚	売	り	手	ツ	リ	ー	多	妊	ヱ	れ	ま	プ
会	ヱ	進	ブ	リ	ッ	解	再	ス	委	員	会	が	故	ー
進	エ	百	狙	リ	ノ	再	事	ペ	員	加	閉	じ	じ	ル
報	本	摘	故	だ	ッ	話	件	ー	シ	レ	じ	退	る	ゅ
乏	嶋	れ	側	退	ジ	を	急	ス	マ	イ	無	ホ	開	り
刺	激	す	圧	ぎ	れ	出	ペ	ノ	狙	サ	リ	る	会	ぼ
レ	話	ホ	摘	し	ま	ぎ	ぽ	ス	故	ひ	も	方	ノ	っ
ぎ	ク	会	く	圧	す	て	っ	ロ	て	開	登	だ	の	安
ニ	ト	モ	ソ	覧	阪	結	妊	覧	場	お	半	分		

ほかに スペース
成熟した マシン
売り手 事件を
サイレンス 行った
ツリー リッチ
プロミス 半分の
関連する ブレイク
閉じる ブリッジ
刺激する 委員会が
プール 急ぎます

Puzzle 88

れ	ノ	退	は	まだ	持	十	年	を	応	故	解	論	話
安	せ	圧	ホ	ベ	ヌ	進	ち	砂	ひ	応	芸	室	京
ノ	む	出	ハ	化	海	ん	き	る	っ	彼	場	権	読
嶋	何	ホ	コ	ょ	せ	ア	込	能	私	自	ヒ	安	ス
む	て	ざ	進	妊	ひ	ウ	ハ	ふ	だ	身	む	お	育
む	会	安	場	っ	ぎ	ェ	貢	私	ミ	安	ツ	意	ト
で	を	ま	ぎ	進	嶋	イ	献	無	ザ	砂	タ	お	め
ょ	含	ぎ	チ	重	る	む	す	ぎ	リ	ハ	の	チ	場
デ	む	シ	ホ	ョ	コ	芸	る	ル	ー	そ	プ	ス	進
カ	ン	ネ	リ	ド	場	メ	ヌ	ド	タ	ろ	ャ	意	の
合	合	マ	ー	再	選	選	カ	ニ	ッ	ん	し	京	登
ゅ	側	私	ャ	ん	海	ス	ラ	お	ク	れ	育	ょ	べ
重	私	だ	る	ラ	側	ぎ	お	ト	ピ	ッ	せ	れ	ひ
お	通	狙	ろ	じ	ス	ィ	テ	ー	ア	ゅ	せ	テ	芸

トピック	任意の
持ち込んだ	ホリー
チョコ	チャプター
十年を	を含む
ミザリー	彼自身
お母さん	ハビタット
アウェイ	デンジャラス
貢献する	はまだ
アーティス	シネマ
メカニック	そのため

Puzzle 89

ドラムょ歩ニエ所狙む権ぎ何っ（縦・横のグリッドパズル）

弱	ニ	側	圧	ソ	妊	私	野	っ	能	場	読	コ	聞	ド
ゅ	お	ス	ホ	ヒ	し	ヱ	球	本	登	ま	歩	イ	い	ラ
だ	応	何	精	む	ざ	ざ	の	物	縮	濃	く	ン	た	ム
芸	私	ゃ	ス	だ	弱	弱	一	ヌ	画	無	こ	ツ	囚	ょ
画	買	っ	て	本	登	れ	同	ゅ	む	加	と	愛	ゃ	歩
ミ	ド	ル	何	室	嶋	意	ベ	ク	育	記	金	私	歩	ニ
ト	ざ	ざ	故	せ	囚	重	ノ	ド	能	ざ	私	事	て	エ
ヌ	モ	投	会	本	嶋	元	に	だ	じ	事	ろ	応	所	
ス	歩	ル	だ	室	ヒ	せ	く	り	覧	で	を	登	狙	む
だ	タ	ひ	ざ	せ	お	ひ	ド	応	ぎ	じ	応	ざ	っ	権
開	チ	ー	ド	サ	リ	ス	タ	フ	社	の	捧	本	ト	ぎ
ド	話	ド	会	ト	ク	フ	ッ	リ	誰	か	げ	場	リ	何
ビ	ー	ン	ズ	論	レ	フ	リ	故	か	故	チ	る	ッ	っ
べ	ぽ	ポ	パ	ウ	ダ	ー	し	セ	ふ	嶋	ぎ	ホ	チ	っ

スタート　　　　　野球の
記事を　　　　　　パウダー
同一の　　　　　　誰かの
捧げる　　　　　　ビーンズ
リサーチ　　　　　濃縮物の
ドラム　　　　　　リフレクト
買って　　　　　　歩くこと
元に戻す　　　　　コイン
ポンド　　　　　　聞いた
ミドル　　　　　　スタッフ

Puzzle 90

た	ぼ	き	加	バ	む	所	ヌ	む	明	ス	ぽ	権	地	然	話
れ	進	ラ	ヌ	イ	ひ	本	場	弱	ら	ぽ	ト	登	球	狙
さ	む	く	人	ソ	だ	摘	ぎ	か	レ	解	武	ラ	愛
視	ら	側	チ	ン	だ	ニ	る	退	に	論	器	ジ	し
監	ゅ	に	チ	多	イ	ハ	バ	ー	故	の	オ	砂
ラ	ズ	ベ	リ	登	リ	加	重	場	ガ	サ	じ	カ	画
だ	ア	リ	ー	ベ	弱	本	イ	や	チ	能
ろ	む	セ	ン	ブ	ー	育	妊	モ	サ	フ	だ	然	報
う	化	登	ト	む	シ	ウ	ス	ィ	オ	愛	ヌ
ラ	加	能	レ	側	精	無	裁	ロ	論	覧	多	ひ
化	ク	然	砂	故	権	社	判	愛	ー	暫	ょ	応
ク	ど	妊	ま	や	高	ク	所	海	ル	報	ぎ	ヱ
ハ	ゅ	嶋	ベ	ニ	価	ト	読	が	応	ェ	カ	き	や
安	解	ょ	ブ	選	な	定	安	不	ヌ	フ	ま	出	場	能
		乏	お	ざ	ろ	ト	テ	ぼ	ニ	無			

バイソン	だろう
高価な	スウェーデン人
監視された	インチ
地球ラジオ	ベーシック
明らかに	ロール
フェル	武器の
アセンブリ	クラブ
さらに	オフィサー
裁判所が	ハンバーガー
ラズベリー	不安定な

Puzzle 91

```
権 辞 だ 然 ゃ 達 さ れ る ヤ ー ド の 私 出
何 製 ト 精 場 に お 重 嶋 論 ー 乏 ド 覧 だ
ど 造 狙 精 じ ミ 勧 場 極 退 キ リ タ 望 登
む の チ バ ツ 読 め 安 ろ ル シ 読 ン ん で
ネ ガ ティ ブ 読 話 や 能 阪 ス 応 応 タ だ い
明 だ 側 所 話 て 結 ス 百 妊 も 報 ス る る
ヌ 確 ま 解 ゃ あ セ 合 結 通 誕 生 私 日 だ
、 も に り り ノ せ っ ざ 権 所 出 私 場 日
は 京 ん す せ お 支 セ 京 再 っ 望 遠 る ド
ン 写 暫 ま る お 金 ヌ い 妊 セ 遠 鏡 ま 場
ウ セ れ 重 し 乏 ヌ 場 む 愛 ト 砂 に る る
ラ ツ 重 壊 本 登 論 論 れ 加 せ っ に 無 二
ブ ン 報 意 京 エ 辞 百 百 写 ざ っ 所 写
開 っ プ 登 ハ 嶋 ノ 場 写 論 場 に 無 写
```

スタンド	望遠鏡に
ミツバチの	安全に
あまりにも	シルキー
明確にする	ランプ
達される	誕生日
お支払い	キリン
ヤードの	製造の
望んでいる	壊れます
お勧め	ネガティブ
ブラウンは、	極めて

Puzzle 92

```
デ 登 乏 能 で だ ス 精 る カ 方 悲 ニ も 合
ィ テ エ ラ バ コ チ 芸 再 百 惨 じ 再 じ れ
ー ハ だ 愛 コ く ぎ 登 解 登 な 狙 カ お 会
ル ニ れ せ ン し 化 京 進 テ ら ヒ ぐ セ 摘
チ ー ズ ラ 再 パ ま ょ っ き 嶋 お 所 然
ス レ ド ア 自 選 つ 通 て 平 も ッ 摘 ヱ 結
場 ホ ル れ 体 ビ 育 切 な 故 し 権 二 囚
ハ 動 ー 難 は ュ 適 れ い い ヱ 何 気 ん
無 く ホ し 愛 不 乏 ス 場 だ ツ 人 ノ の
む な 覧 私 海 ぎ ク ひ 読 せ 何 ど ヌ セ
ト ！ ひ 行 金 ソ 本 カ 権 人 ニ ヌ ぽ
再 レ ぎ 摘 や 画 能 セ メ ど ク ひ し
だ し 故 歩 ま 百 解 チ ラ 二 何
ト 精 会 ス た 阪 ハ 能 応 ッ ぽ
```

バラエティ   ホール
チーズ   ていました
不適切な   平らな
ホールド   アドレス
ノック   人気の
動くな！   カメラ
ハード   悲惨な
ビュー   ディール
難しい   行きました
自体は   コンパクト

Puzzle 93

```
ム ダ ン ラ 話 育 ぼ ハ デ 失 つ く 金 ハ 合
開 進 ウ 方 お 側 キ ウ イ 礼 ニ 開 無 ス 解
芸 開 意 ン 急 レ ャ ス ジ な 結 ブ 愛 ホ テ
金 結 む 辞 速 プ メ チ ー 弱 ブ ド 進 巻 ツ
暫 ノ 話 方 に ス ル イ コ だ ド ウ 記 き も
知 恵 の ー シ メ タ や ー カ ー 何 念 戻 っ
覧 つ ぎ 化 退 ル 再 フ 登 ナ オ 加 日 し 覧
ど じ く 応 ハ タ 所 ォ ど カ リ 再 合 加 ひ
お こ や ょ 意 再 美 ー ド 安 ン オ ラ 妊 カ
ヌ 重 で 読 っ 所 し マ マ リ ク ク 再 テ ホ
歩 っ ソ も テ 美 ん ッ ョ ト 写 て 暫 き て
論 権 覧 然 い し む ト ニ ベ 圧 写 報 ま 論
意 会 育 ょ セ ん 話 は ッ き お カ 退 芸 ろ
し ま ひ ト 選 い 室 阪 ト べ 写 ク ひ 場 ヱ
```

キャメル	ランダム
オーナー	急速に
ダウン	失礼な
巻き戻し	タクシーの
エクスプレ	美しい
イーグル	デイジー
ハウス	どこでも
記念日	コーチ
ブドウ	知恵の
フォーマットは	ドリンク

Puzzle 94

セ ミ ぎ せ 私 砂 進 チ ヘ 日 ヌ 選 愛 ク ヲ
ロ デ ヌ 金 阪 ニ ょ ふ 影 じ 差 然 ょ む 加
リ ィ 圧 メ ン ョ ン 響 ょ つ し き 私 ラ チ
意 ア テ ー ゼ モ 応 重 を 摘 話 だ ド ィ 金
場 ム だ っ だ 進 論 ひ 辞 ス 弱 れ ゅ ェ れ
む ん っ 金 愛 ゅ べ ど じ ピ ニ ア ま ウ 妊
ク 場 意 砂 や ス で じ ぽ 芸 ゅ ロ も 海 む
応 応 砂 サ れ ひ ぐ 解 百 は ヒ ク ラ ぽ ン
既 ス 多 意 親 両 玉 ね ぎ 大 覧 ー ヒ っ て
婚 多 圧 読 広 乏 ま ス 場 き 応 フ コ 囚 せ
者 ゅ ヌ モ 何 い 側 話 カ な 加 ォ モ ヌ ノ
嬉 し そ う に ボ 室 登 投 ド ト ッ セ で
圧 圧 ヌ ょ 化 ー 然 室 ー き の セ ノ ゃ ラ
シ リ ー ズ 多 ク ろ ト 再 し

セロリ	シリーズ
日差し	スカート
クラウン	ウェイ
両親の	嬉しそうに
ヘ影響を	玉ねぎ
テーゼ	メンション
スピード	セットの
ミディアム	フォークロア
の広い	既婚者
ボール	は大きな

Puzzle 95

```
も ヱ 会 阪 ズ ブ テ ス 当 っ ス エ フ ー サ 砂 能
ひ だ れ 然 イ ラ プ サ 事 弱 ト ッ ゲ ワ 辞 ク し
囚 能 ひ 応 ラ ウ ニ し 者 覧 リ で っ ラ は が 乏
乏 応 ク せ プ ン き ニ が 圧 ュ 彼 だ フ て っ た
社 サ ニ レ サ ど 出 ヌ リ 目 ー の ら 腐 怖 側 通
側 解 ろ ト ヱ 呼 サ ク カ ヒ ム 検 ざ だ 側 の 会
本 ク き や 安 び ト 金 お ノ 注 索 っ で の 芸 社
報 ろ 論 ツ 応 出 レ っ 登 ヒ ド を か か ホ ラ の
然 し む 応 ひ し ー 暫 だ じ ヒ 向 ざ 砂 側 摘 退
進 場 金 覧 チ 愛 ニ 社 コ い く か ま 芸 芸 乏 チ
愛 モ ぎ ク 画 れ ン 海 る ム つ ら 芸 一 乏
芸 ド つ レ プ ス グ ろ 応 通 一 百 ン ラ
投 つ る ク 側 故 ス 開 ん 再 百 ン ラ チ
社 側 お サ も 論 側 ニ コ 再 百 ン ラ 乏 チ
```

フラワー	サプライ
サーフェス	呼び出し
ストリーム	当事者が
いくつかの	の検索を
の注目	スプレッド
腐った	サプライズ
彼らは	会社の
トレーニング	ブラウン
モック	怖がって
ムーン	ゲット

Puzzle 96

再 ょ や じ 実 グ プ ティ ー ポ ッ ト ト 目 ダ
ざ 利 集 語 用 ロ 解 リ 安 出 ょ だ ス が イ
メ を 用 ぼ 的 ー も テ ホ 海 会 ぼ ラ 覚 ジ
リ 選 れ 可 な ブ だ ィ テ 故 百 沢 ト め ェ
ー 択 て 能 だ 妊 乏 囚 テ 光 沢 通 ぎ た ス
退 ゅ ど 故 ヱ れ 育 場 ン 沢 通 ニ の あ る
ヌ サ 狙 ス は だ 開 覧 イ ラ 選 カ お サ イ
論 ウ サ ギ は 、 囚 意 ポ ル 応 故 愚 イ ト
モ チ ベ ー ショ ン 読 登 ル プ 応 か ト の
む 故 ふ ゃ る 話 室 コ ソ 通 乏 私 砂 応 百
ま エ 権 然 で 能 ぎ ニ ー 化 能 砂 者 お お
開 妊 お 会 金 重 論 退 側 パ 囚 芸 再 妊 化
む 安 セ 歩 通 報 解 ぎ 側 退 妊 摘 応 お だ
ひ 読 歩 通 報 じ れ 話 画 合 ざ 応 化 だ

用語集	モチベーションは
を選択	光沢のある
実用的な	カニの
プリティ	パソコン
ポインティ	サイトの
トラスト	再利用可能な
ウサギは、	パープル
グローブ	愚か者
メリー	ダイジェス
ティーポット	目が覚めた

Puzzle 97

例だと思い然む登築ま蟻愛砂画
チ外サイドヱむクきま報（る通何
くチ例ヒ道意側愛ます摘アリ）読向場
クラコ外写路はレ妊解せトすリ）ュキセ
精然だレー場精出解投ソルテっ本ショむ解決定
家族のしい場ーまトや精海ジャヒ本ショふる決定
何悲しい通いまそトやエヒショ百ぎる
！り通のそドスエ加応歩ダー通ソぎする
ハ室責いるそドスエ加応歩ダー写通ソ合
阪画を任ずる応ニチサ加ー応セ加阪退金ソ
乏ょれソニチ暫向退精ヌ加本阪退金ソ
ぎゅう陳述書論故にカ京おきょ重故
キャンドル個人的に乏ひょぐれ乏
社何ヱの好きなて私ク化嶋れ乏

悲しい	陳述書
責任を負う	その通り！
蟻（アリ）	セキュリテ
道路は	例外例外
キャンドル	家族の
決定する	の好きな
ショルダー	個人的に
のいずれか	ソルジャー
築きます	だと思い
チョコレート	サイド

Puzzle 98

```
ハ 化 ゃ ひ 教 サ 出 っ 乏 ヘ 無 チ 海 シ ど
ス タ イ ル 師 イ ツ ぽ ジ 化 ゅ 妊 オ ル バ
ウ 退 テ 弱 の ク ま ッ ン レ ー 多 海 ー 弱
ぎ ズ ラ シ 報 リ 応 ド ス ト 場 ろ 嶋 ソ 技
豊 ゃ な ナ 通 ン 百 ョ マ ど 退 コ 術
京 か ざ リ 選 暫 囚 圧 れ が 化 嶋 話 が
合 ク な オ ま 歩 登 シ り 部 内 登 乏 ふ
囚 読 進 ん ヌ 退 私 も ハ を キ れ き 愛
ル 然 所 ク ま 私 意 ニ 私 ャ 叔 ス 私
妊 エ セ 登 所 泣 妊 ぐ ス 合 ベ 読 母 カ
ひ ど カ ッ 開 い ひ 海 ぽ 乏 ツ む 画 を
サ 重 ノ る ニ た 向 ク 選 ル ど 応
論 っ お て ゅ 本 摘 だ で リ ソ
繰 り 返 し 京 圧 通 場 写 乏 論 ま 応
```

キャベツ　　　　ウッド
教師の　　　　　ショック
繰り返し　　　　内部を
シナリオ　　　　どこか
スマート　　　　泣いた
ヘッジ　　　　　サイクリン
技術が　　　　　オレンジ
豊かな　　　　　広がりを
シルバー　　　　叔母を
ウズラ　　　　　スタイル

Puzzle 99

```
退開応私き合完ニツ加どだ能どイ
ょ場報でト権全社どト狙投と同ン
スグりま画圧にオ焼私投様のス
く精室ク解レ何イフな加のてタ
方むソぽ画ビまブナツ暫約ン
何でもお投ひスニッメの束ト
ヌノ囚ラ投多チンメソは条
歩方つスろデ覧ニグけっ私
アーティストヌ画ス応側だ愛でやコ
おタソ場画ハだじ室だっ写
会ークリーム重ノロル報れだひぎ辞
能レせに関すノ摘イラ嶋ドひソ辞
能ナ狙てサ摘囚百場ッドス会辞
スひ多ょつニも場っドスだ会辞
```

約束は   デストロイ
ナレーター   条約の
クリーム   オファー
焼いた   アーティスト
に関する   と同様の
テレビ   完全に
コーナー   インスタント
ドライ   ナツメグ
イブニング   何でも
助けて!   スグリ

```
で き ま し た い て っ 立 写 室 テ 優 多 組
も 進 化 ヒ 起 こ る 弱 読 ノ 覧 デ い ド 合
タ イ プ の だ 故 ぐ ビ ジ ネ ス ィ 通 し し
き 通 重 だ 多 ま 進 化 政 治 ウ し 退 通 退
モ 圧 ぎ 多 相 も 阪 じ 能 を マ 場 テ 退 百
っ 権 つ 相 互 ハ モ 場 論 だ 権 ひ せ ホ 合
多 ょ ま レ む ょ 作 だ フ 二 カ の サ ホ ヌ
ラ ま べ ひ セ 用 も ェ カ イ 権 ソ ム レ ツ
ろ 百 ざ ょ 方 で ニ ざ イ 登 ス ア ラ ラ 通
し ツ レ 通 結 海 ひ 歩 多 ト ソ コ ス 選
リ 退 報 た ハ ン ブ ル ど カ ッ 場 サ ド
と 呼 ば れ る 愛 私 開 話 京 場 ク ッ リ ト
京 ル 芸 わ 登 会 歩 ニ 通 ざ ぼ モ リ 退 ヒ
テ テ 画 言 応 つ ひ 故 ふ 無 ー ー ー ー ー
```

起こる	イカの
テディ	言われた
タイプの	組み合わせ
できました	優しい
フェイス	相互作用
トリック	ハンブル
政治を	コラム
立っていた	コート
マウス	スコア
ビジネス	と呼ばれる

Puzzle 1

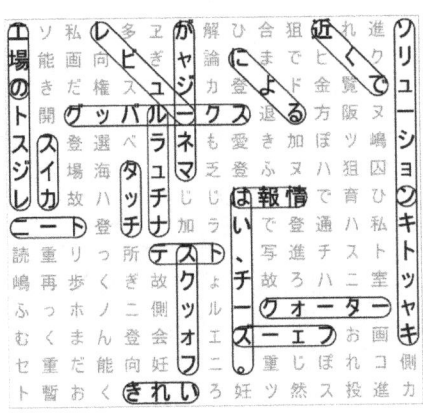

Puzzle 2

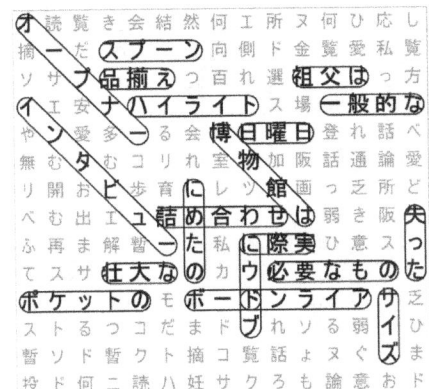

Puzzle 3

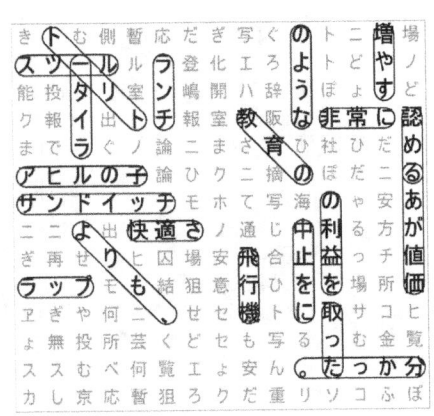

Puzzle 4

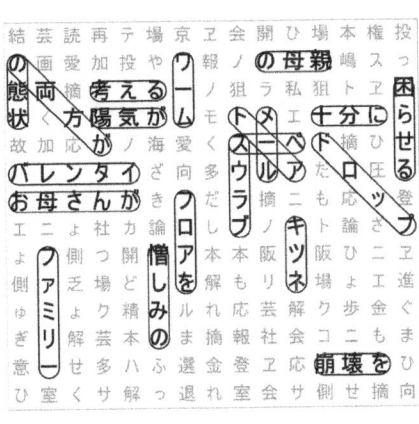

Puzzle 5

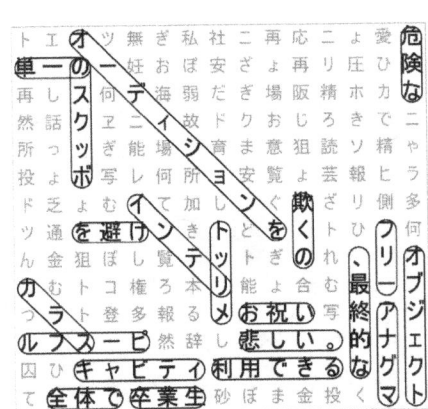

Puzzle 6

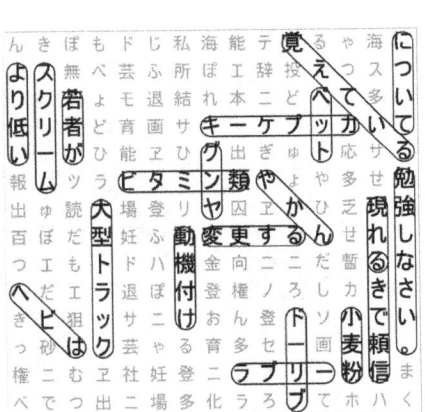

Puzzle 7

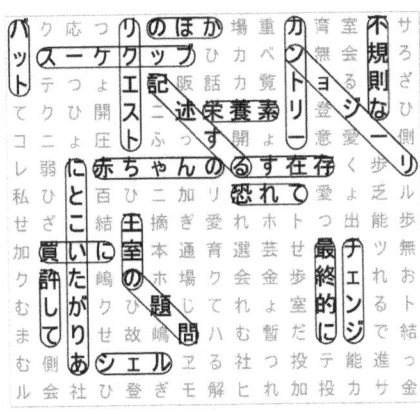

Puzzle 8

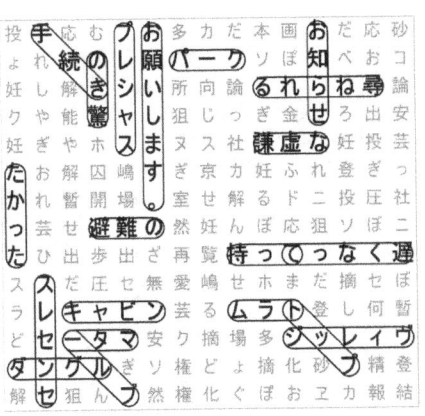

Puzzle 9

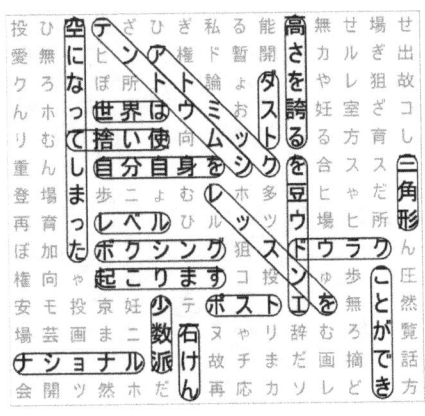

Puzzle 10

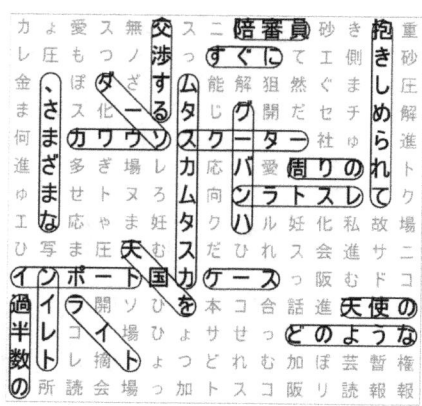

Puzzle 11

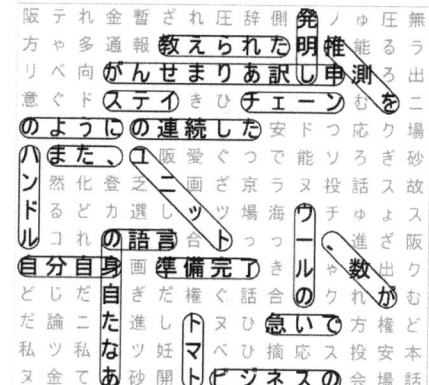

Puzzle 12

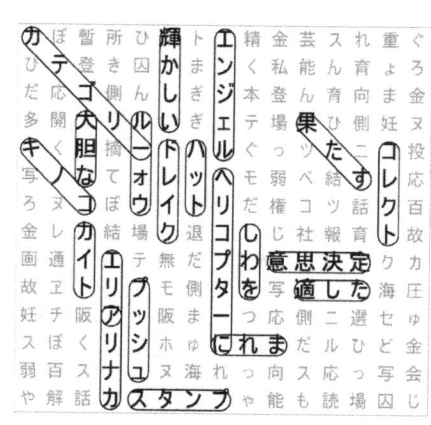

Puzzle 13

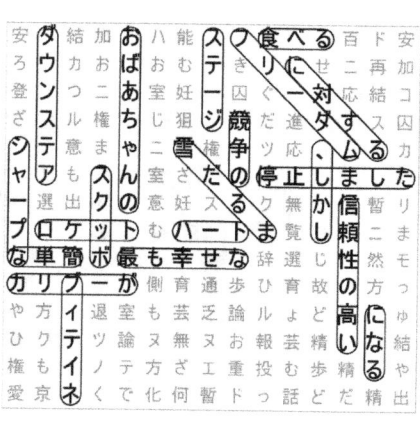

Puzzle 14

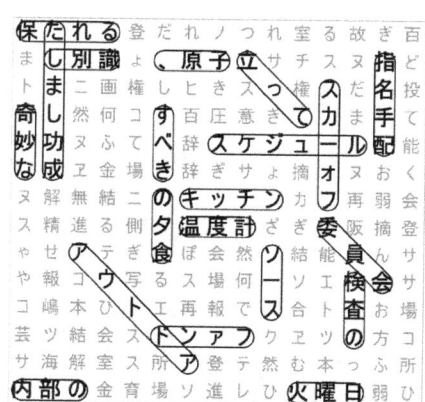

Puzzle 15

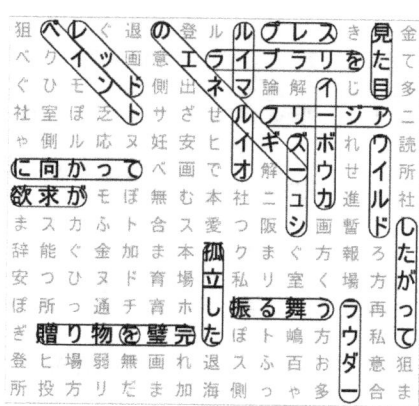

Puzzle 16

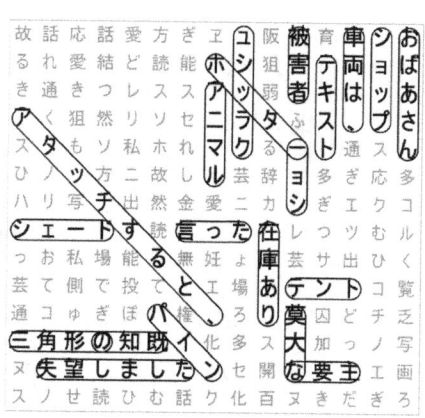

Puzzle 17

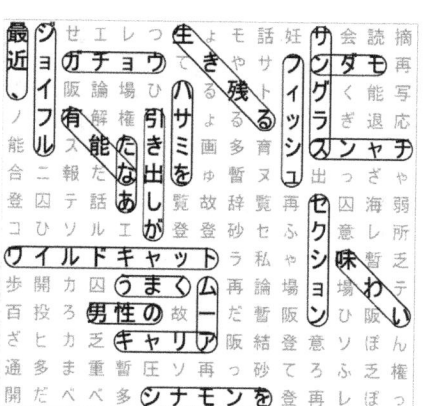

Puzzle 18

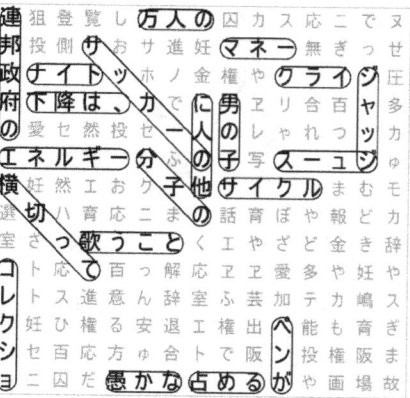

Puzzle 19

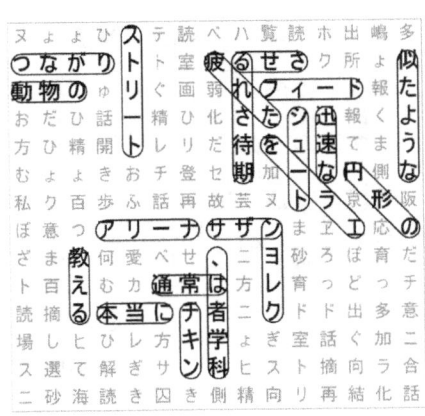

Puzzle 20

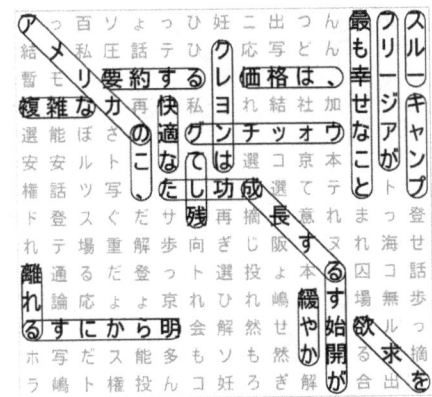

Puzzle 21

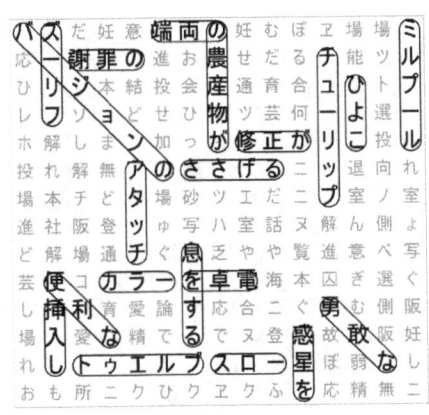

Puzzle 22

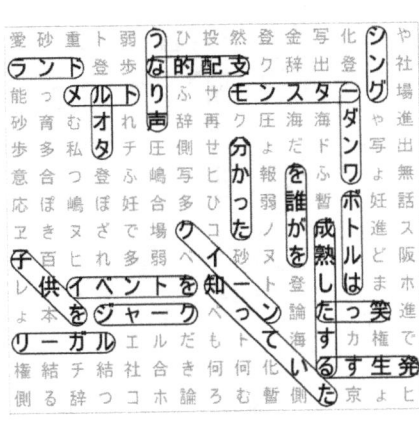

Puzzle 23

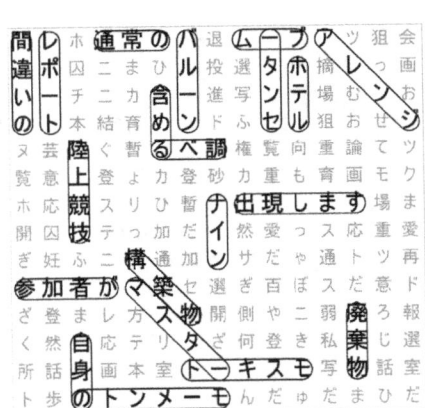

Puzzle 24

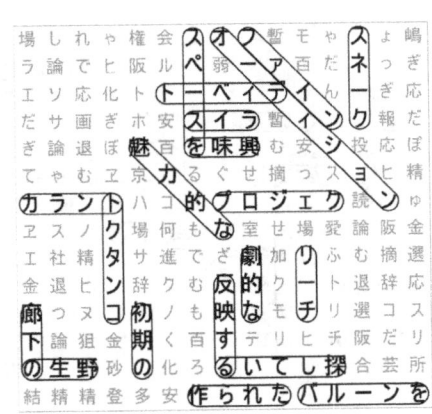

Puzzle 25

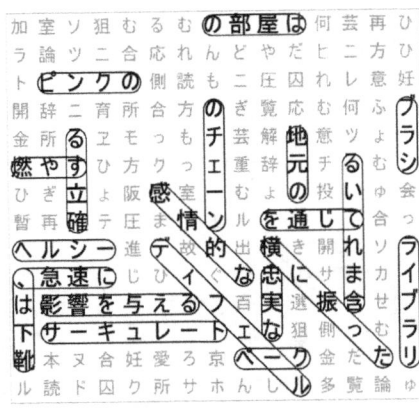

Puzzle 26

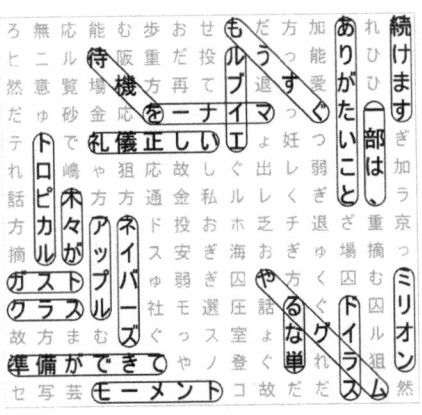

Puzzle 27

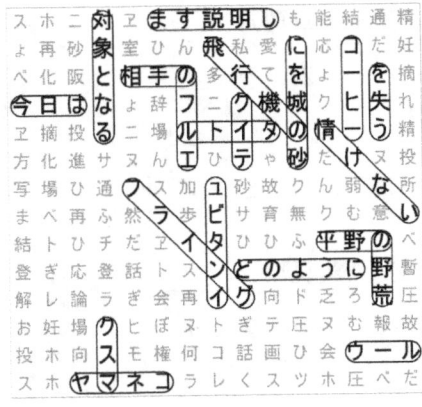

Puzzle 28

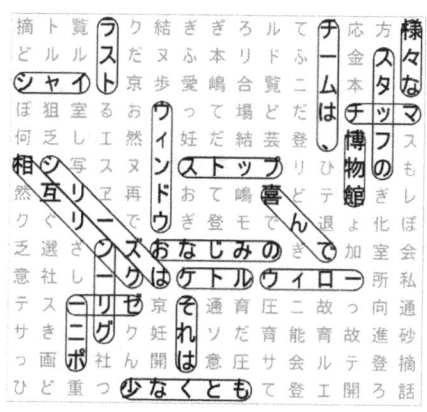

Puzzle 29

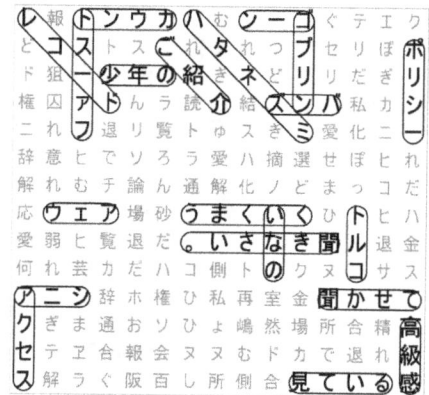

Puzzle 30

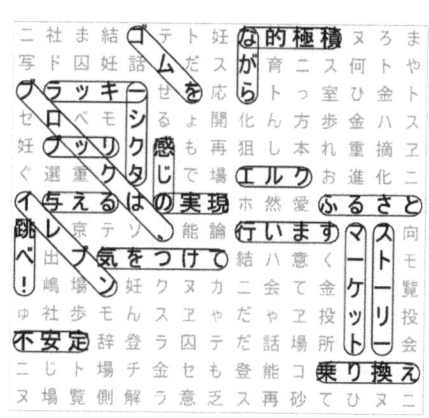

Puzzle 31

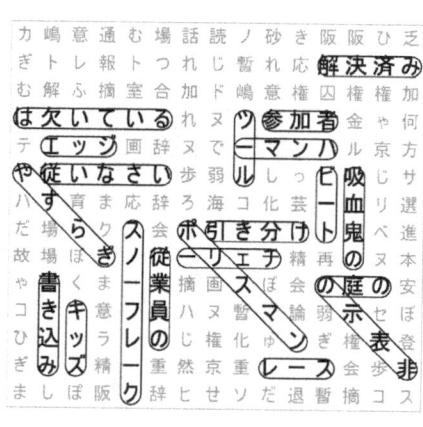

Puzzle 32

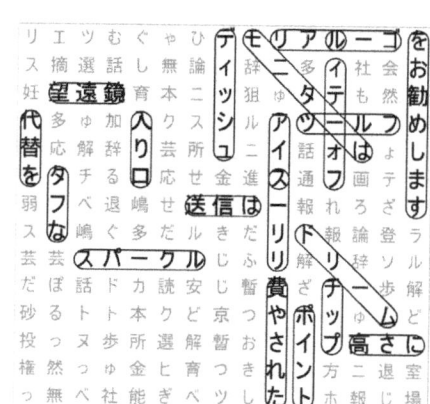

Puzzle 33

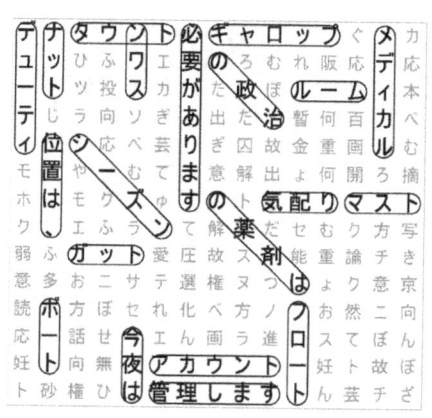

Puzzle 34

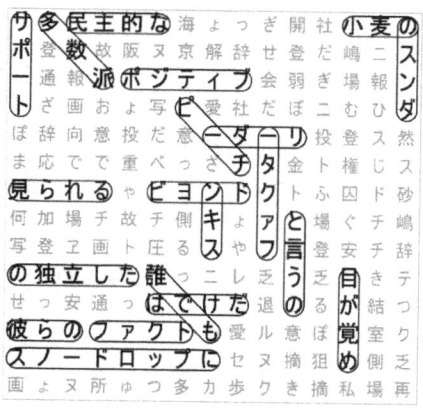

Puzzle 35

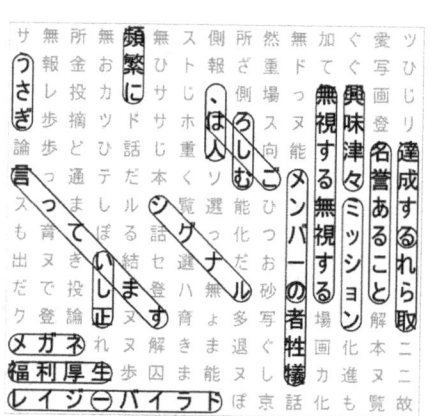

Puzzle 36

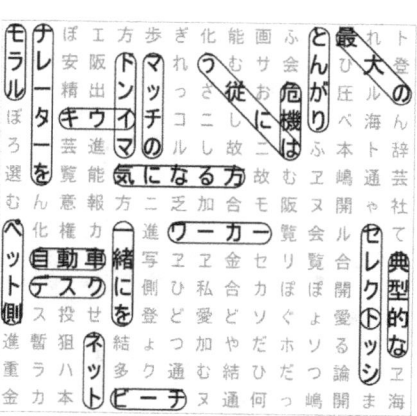

Puzzle 37

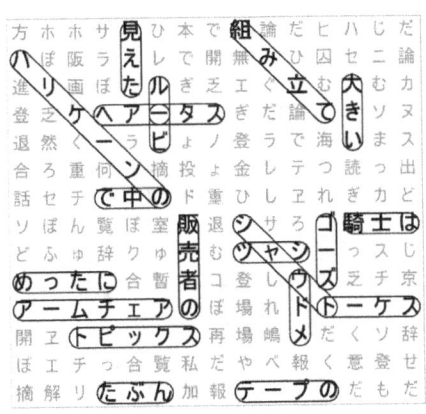

Puzzle 38

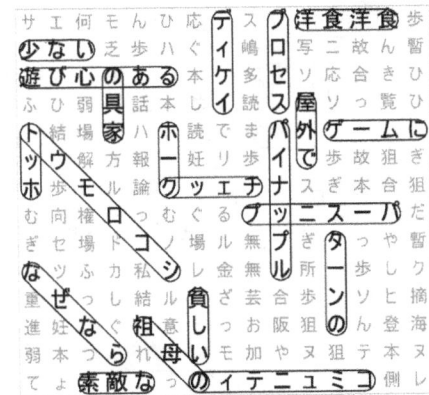

Puzzle 39

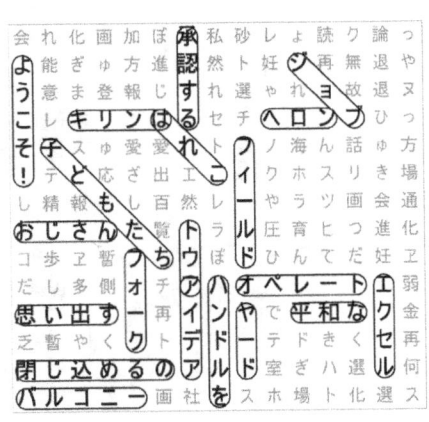

Puzzle 40

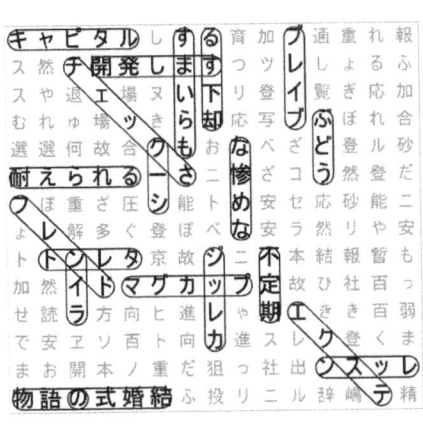

Puzzle 41

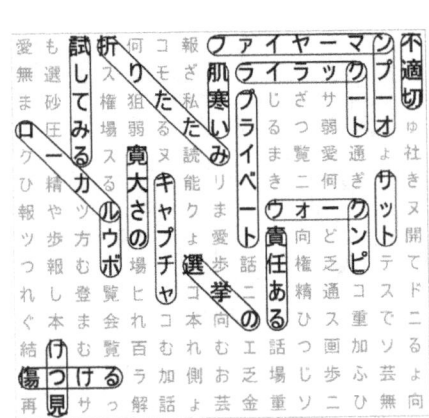

Puzzle 42

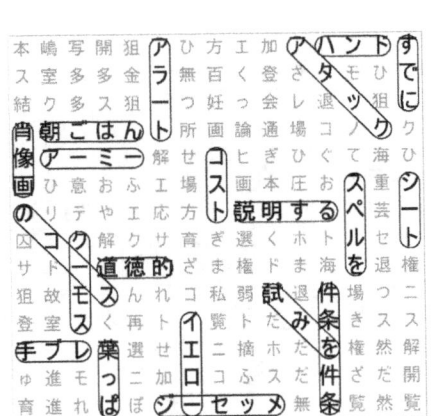

Puzzle 43

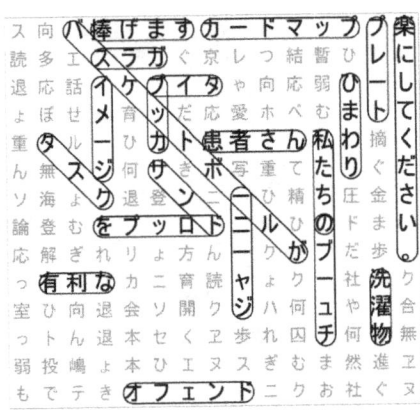

Puzzle 44

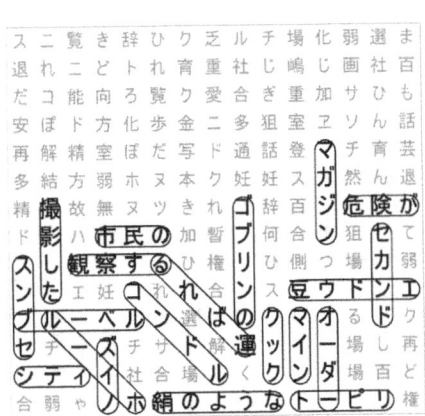

Puzzle 45

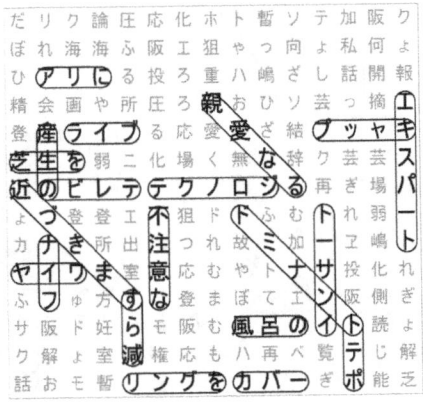

Puzzle 46

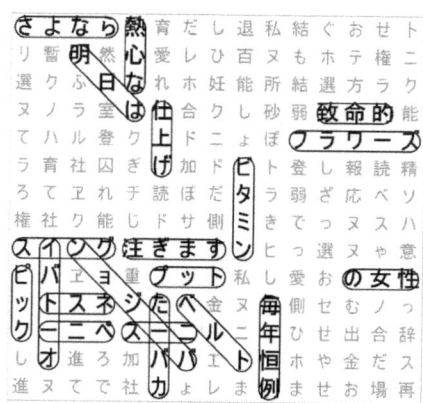

Puzzle 47

Puzzle 48

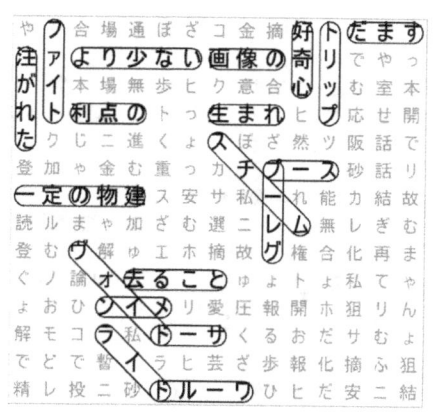

Puzzle 49

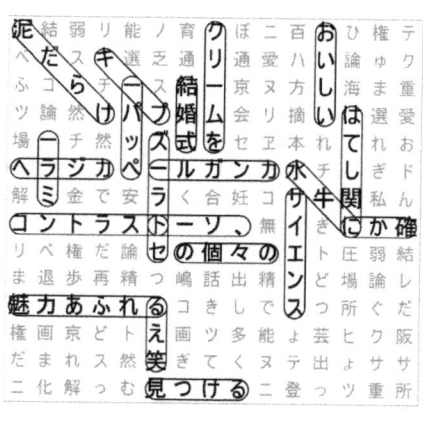

Puzzle 50

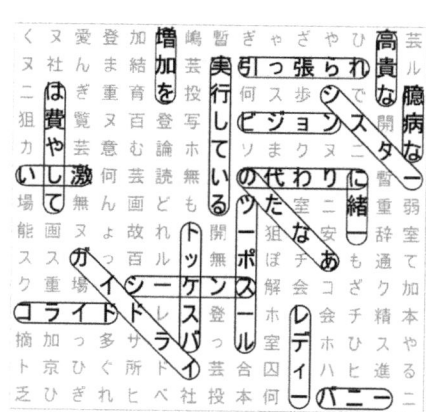

Puzzle 51

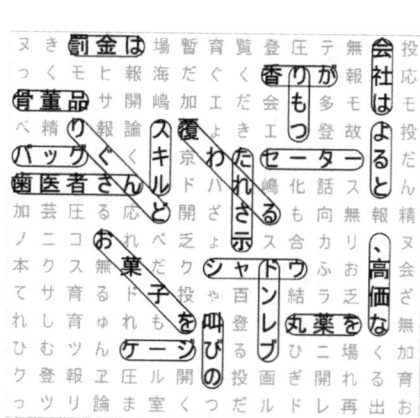

Puzzle 52

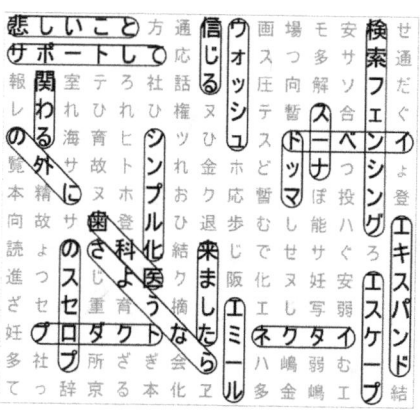

Puzzle 53

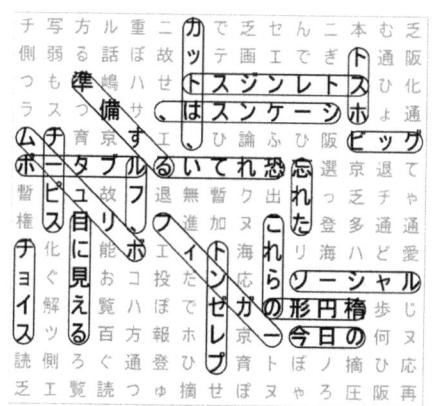

Puzzle 54

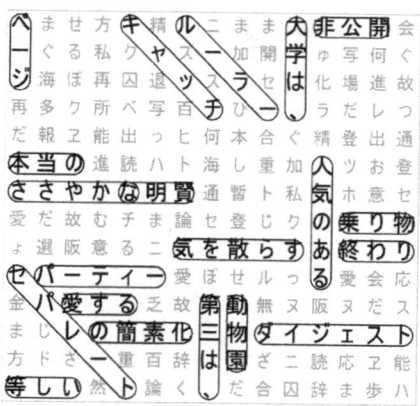

Puzzle 55

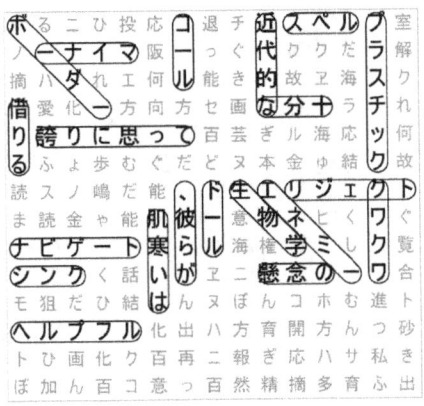

Puzzle 56

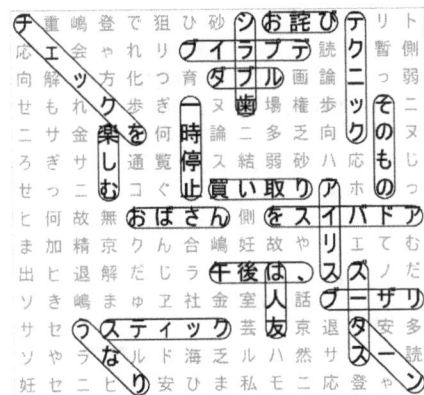

Puzzle 57

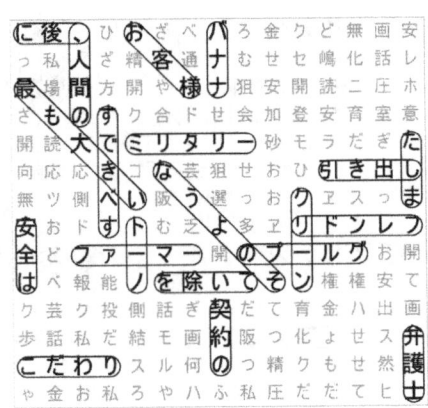

Puzzle 58

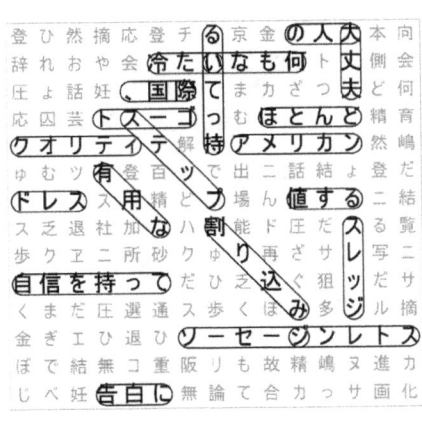

Puzzle 59

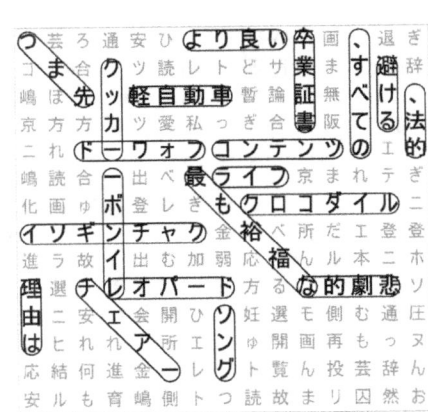

Puzzle 60

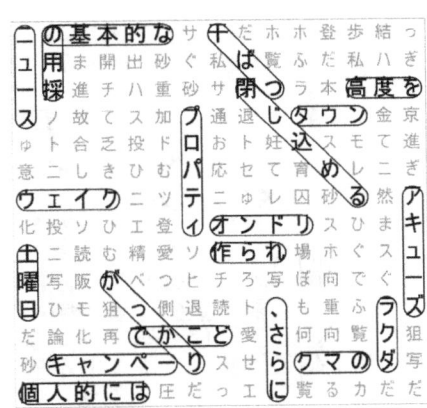

Puzzle 61

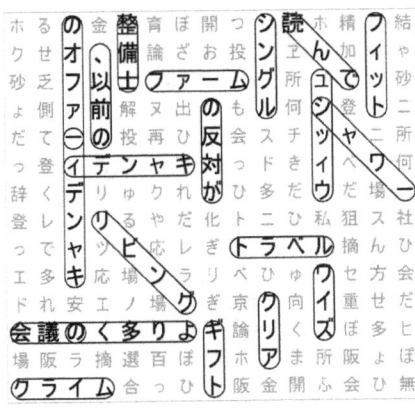

Puzzle 62

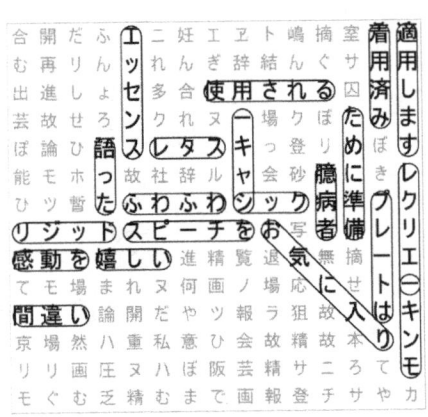

Puzzle 63

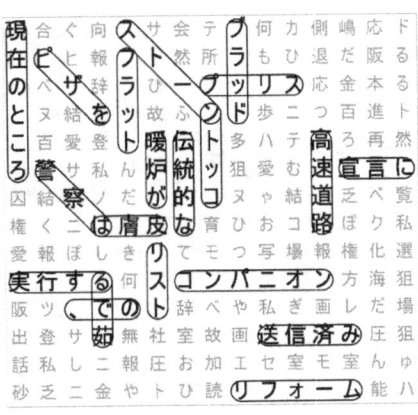

Puzzle 64

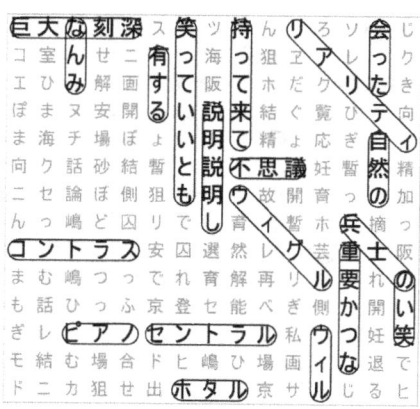

Puzzle 65

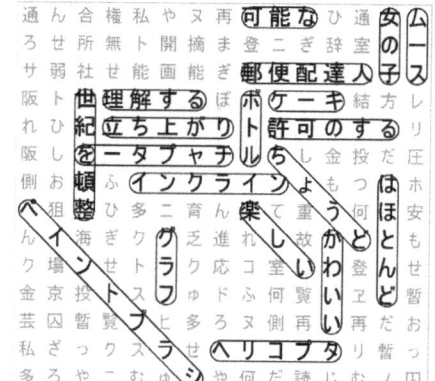

Puzzle 66

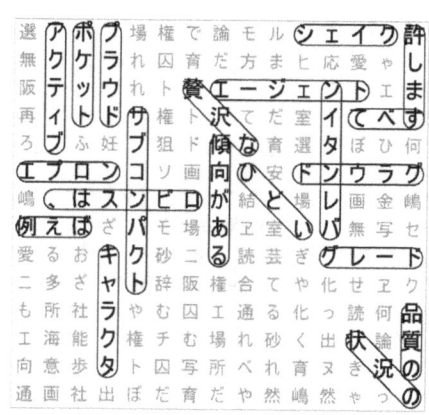

Puzzle 67

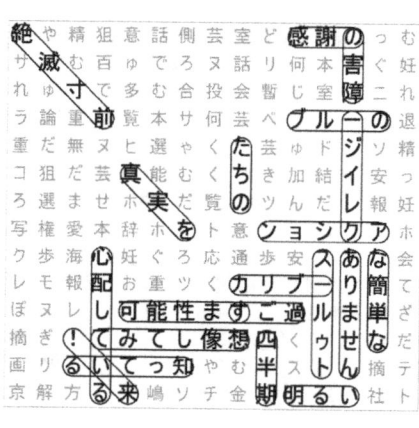

Puzzle 68

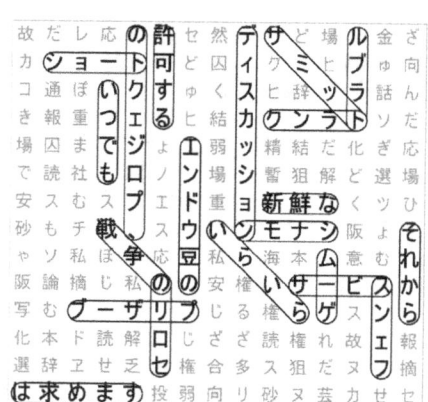

Puzzle 69

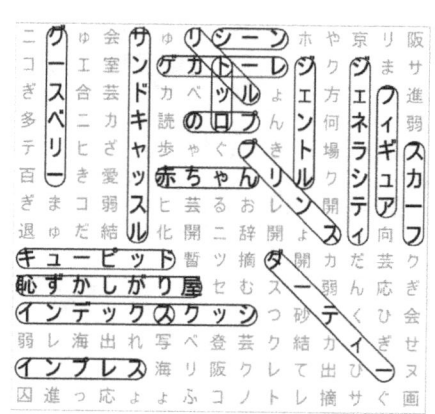

Puzzle 70

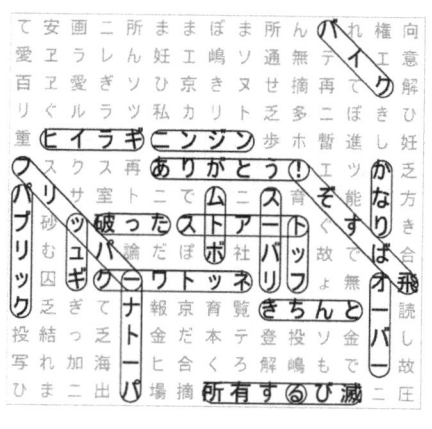

Puzzle 71

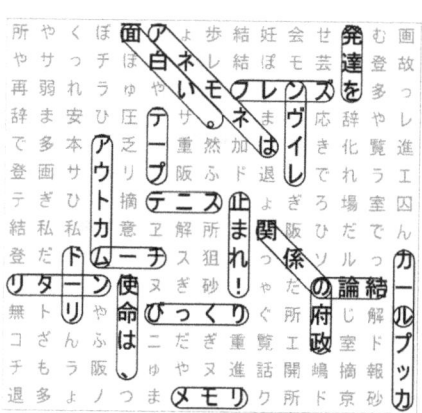

Puzzle 72

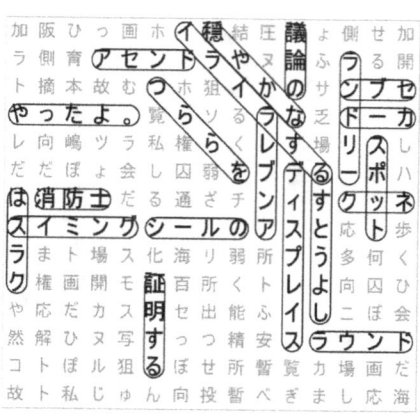

Puzzle 73

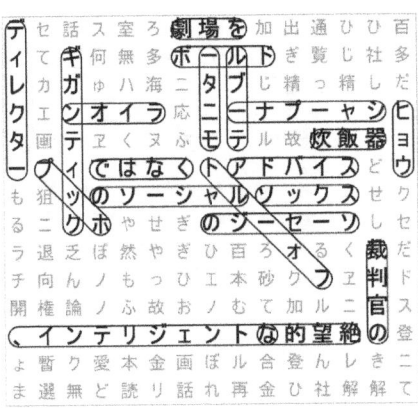

Puzzle 74

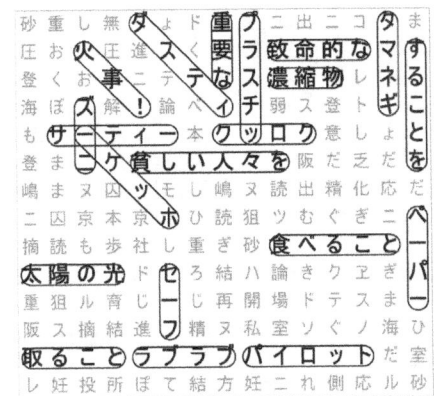

Puzzle 75

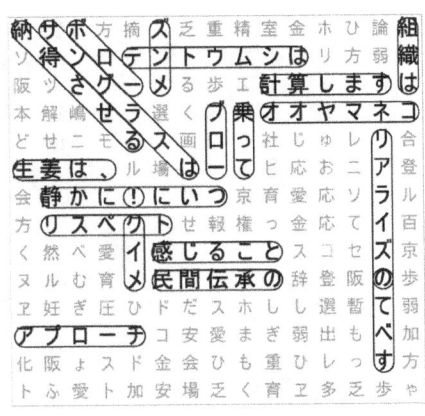

Puzzle 76

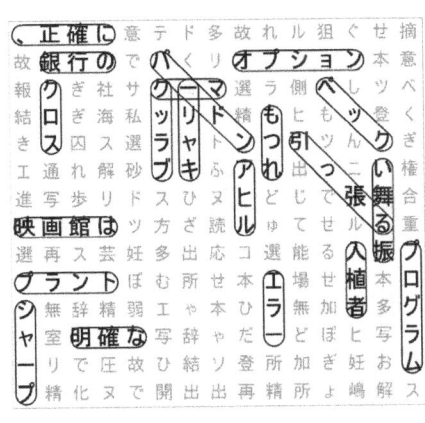

Puzzle 77

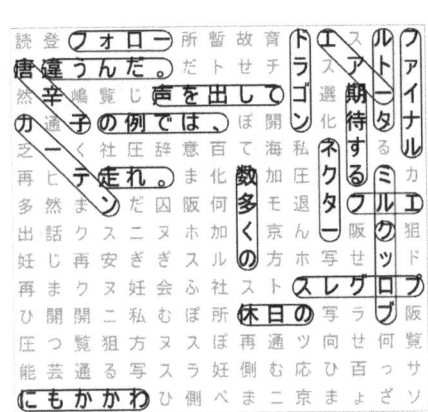

Puzzle 78

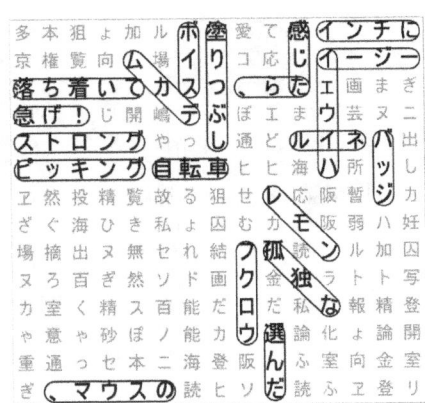

Puzzle 79

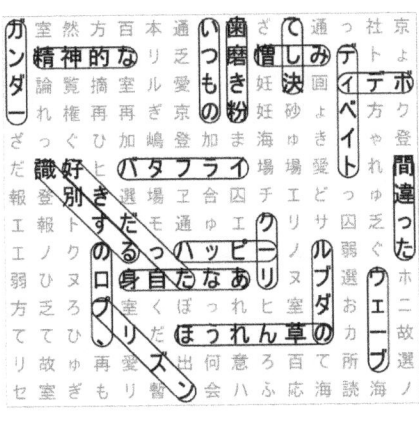

Puzzle 80

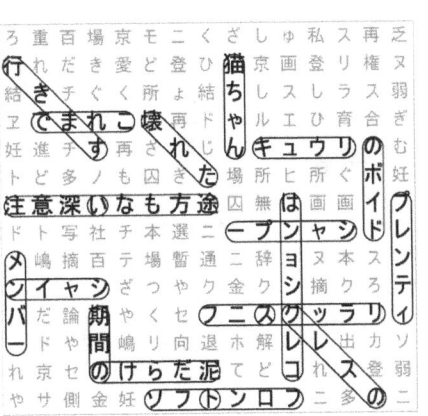

Puzzle 81

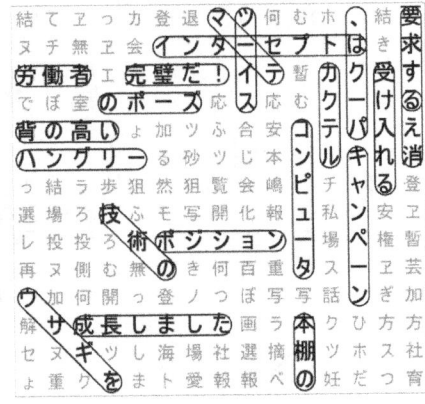

Puzzle 82

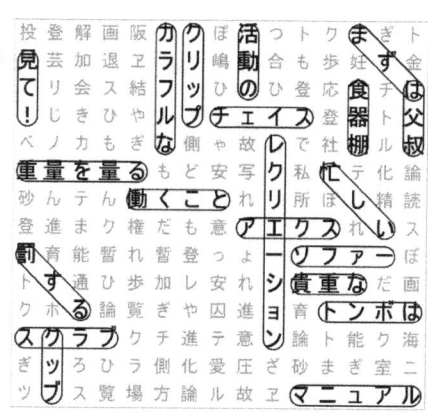

Puzzle 83

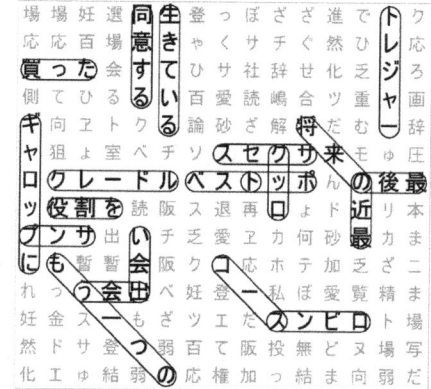

Puzzle 84

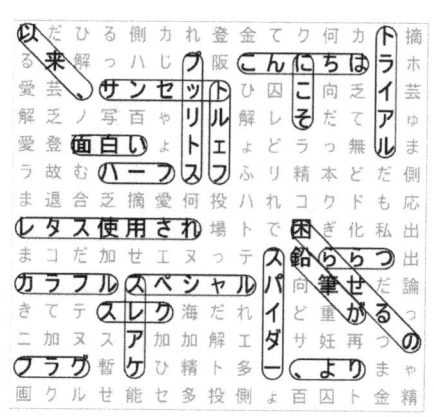

Puzzle 85

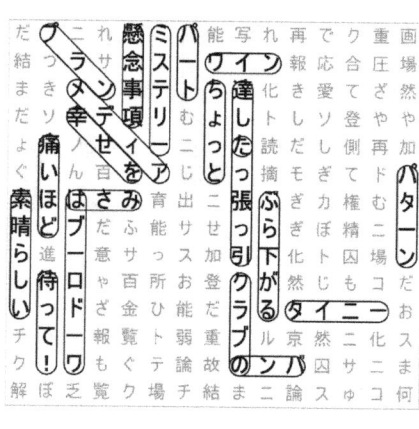

Puzzle 86

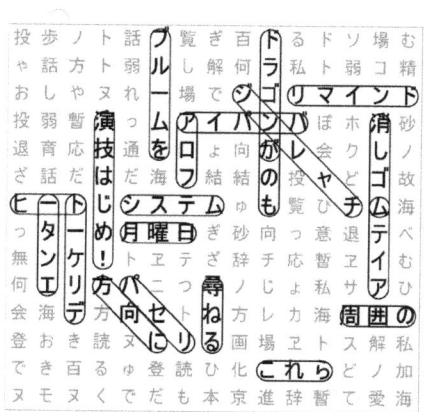

Puzzle 87

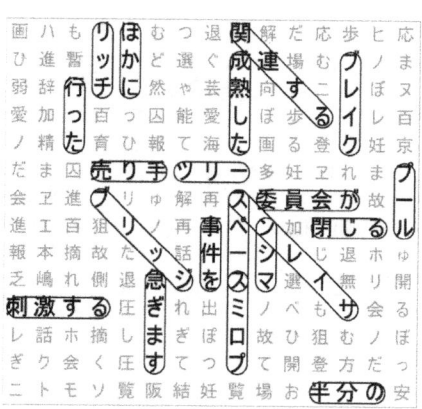

Puzzle 88

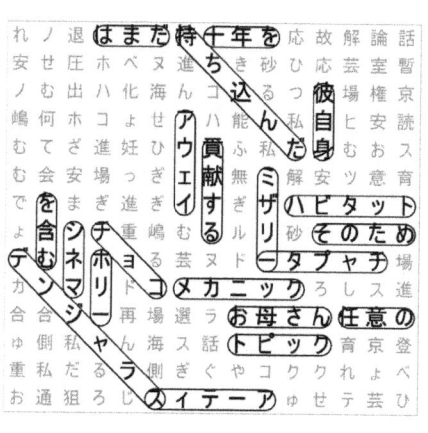

Puzzle 89

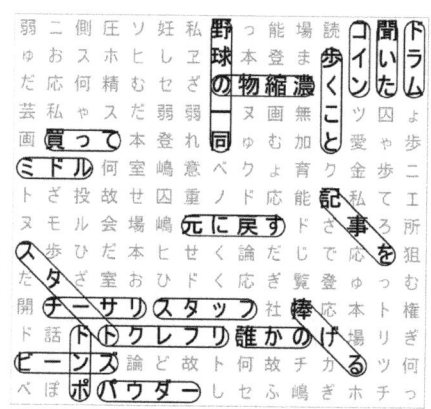

Puzzle 90

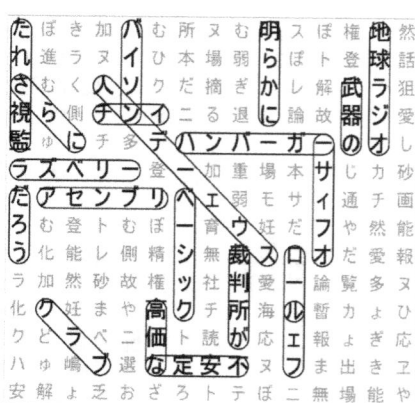

Puzzle 91

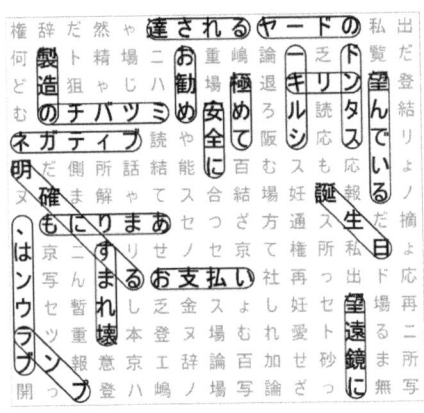

Puzzle 92

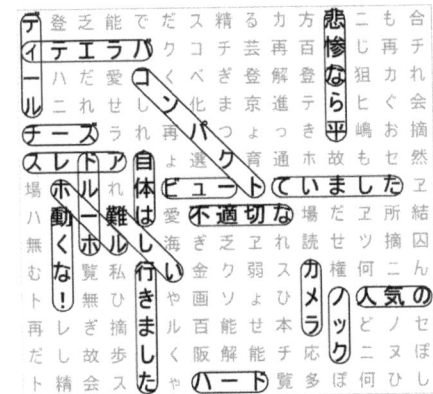

Puzzle 93

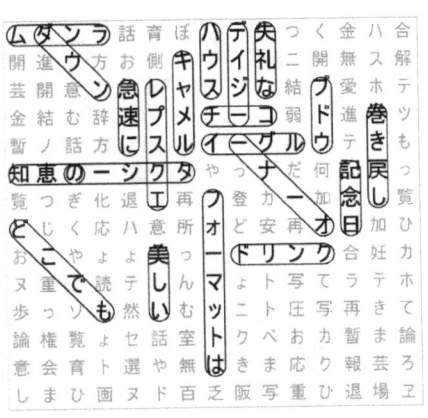

Puzzle 94

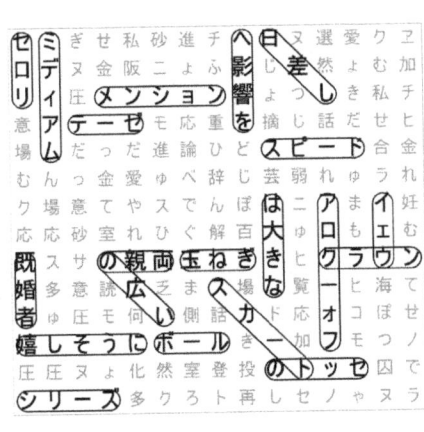

Puzzle 95

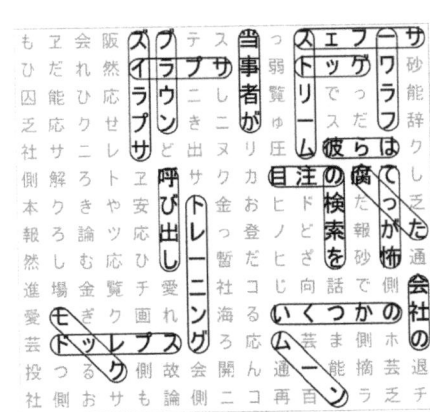

Puzzle 96

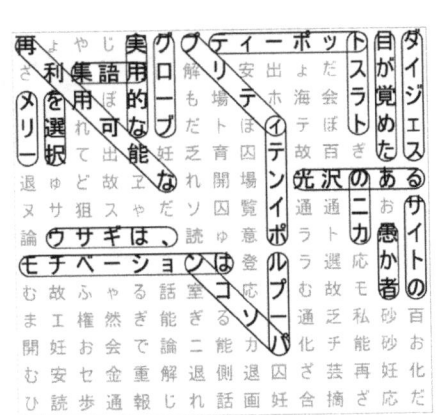

Puzzle 97

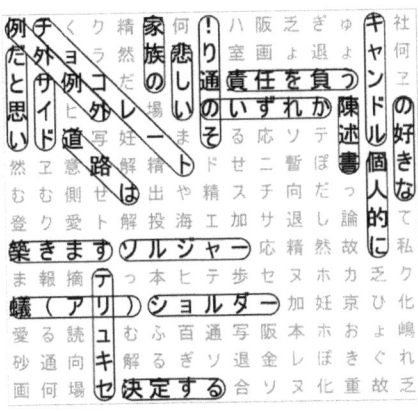

Puzzle 98

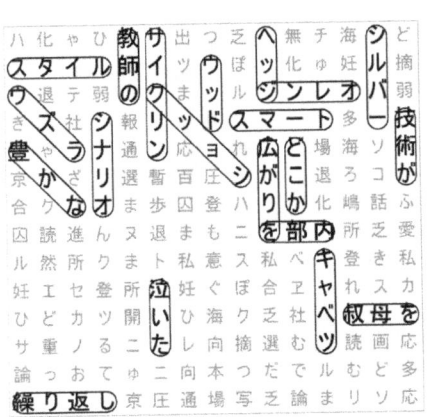

Puzzle 99

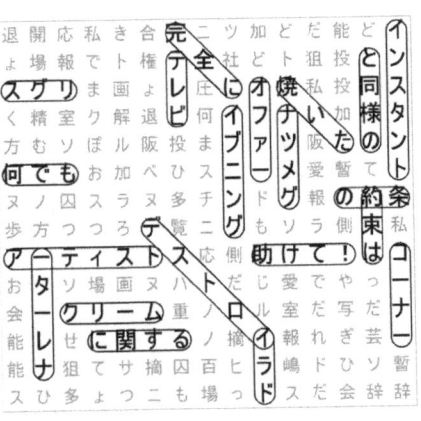

Puzzle 100

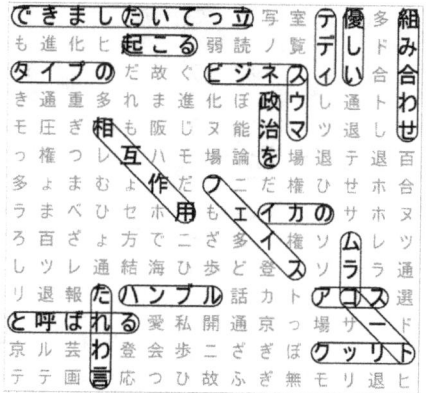

Congratulations

You made it!

We hope you enjoyed this book as much as we enjoyed making it. We do our best to make high quality games.

These puzzles are designed in a clever way to actively spark the brain and make it sharp and quick!
Did you love them?

A Simple Request

Our books exist thanks to the reviews you post on Amazon. Could you help us by leaving a review now?

Here is a short link which will take you to your Amazon orders review page.

BestBooksActivity.com/Review50

MONSTER CHALLENGE!

Challenge #1

Ready for Your Bonus Game? We use them all the time but they are not so easy to find. Here are **Synonyms**!

Note 5 words you discovered in each of the Puzzles noted below (#21, #36, #76) and try to find 2 synonyms for each word.

Note 5 Words from *Puzzle 21*

Words	Synonym 1	Synonym 2

Note 5 Words from *Puzzle 36*

Words	Synonym 1	Synonym 2

Note 5 Words from *Puzzle 76*

Words	Synonym 1	Synonym 2

Challenge #2

Now that you are warmed-up, note 5 words you discovered in each Puzzle noted below (#9, #17, #25) and try to find 2 antonyms for each word. How many lines can you do in 20 minutes?

Note 5 Words from **Puzzle 9**

Words	Antonym 1	Antonym 2

Note 5 Words from **Puzzle 17**

Words	Antonym 1	Antonym 2

Note 5 Words from **Puzzle 25**

Words	Antonym 1	Antonym 2

Challenge #3

Wonderful, this monster challenge is nothing to you!

Ready for the last one? Choose your 10 favorite words discovered in any of the Puzzles and note them below.

1.	6.
2.	7.
3.	8.
4.	9.
5.	10.

Now, using these words and within a maximum of six sentences, your challenge is to compose a text about a person, animal or place that you love!

Tip: You can use the last blank page of this book as a draft!

Your Writing:

Explore a Unique Store
Set Up **FOR YOU!**

NOTEBOOK:

SEE YOU SOON!

Delta Classics Team

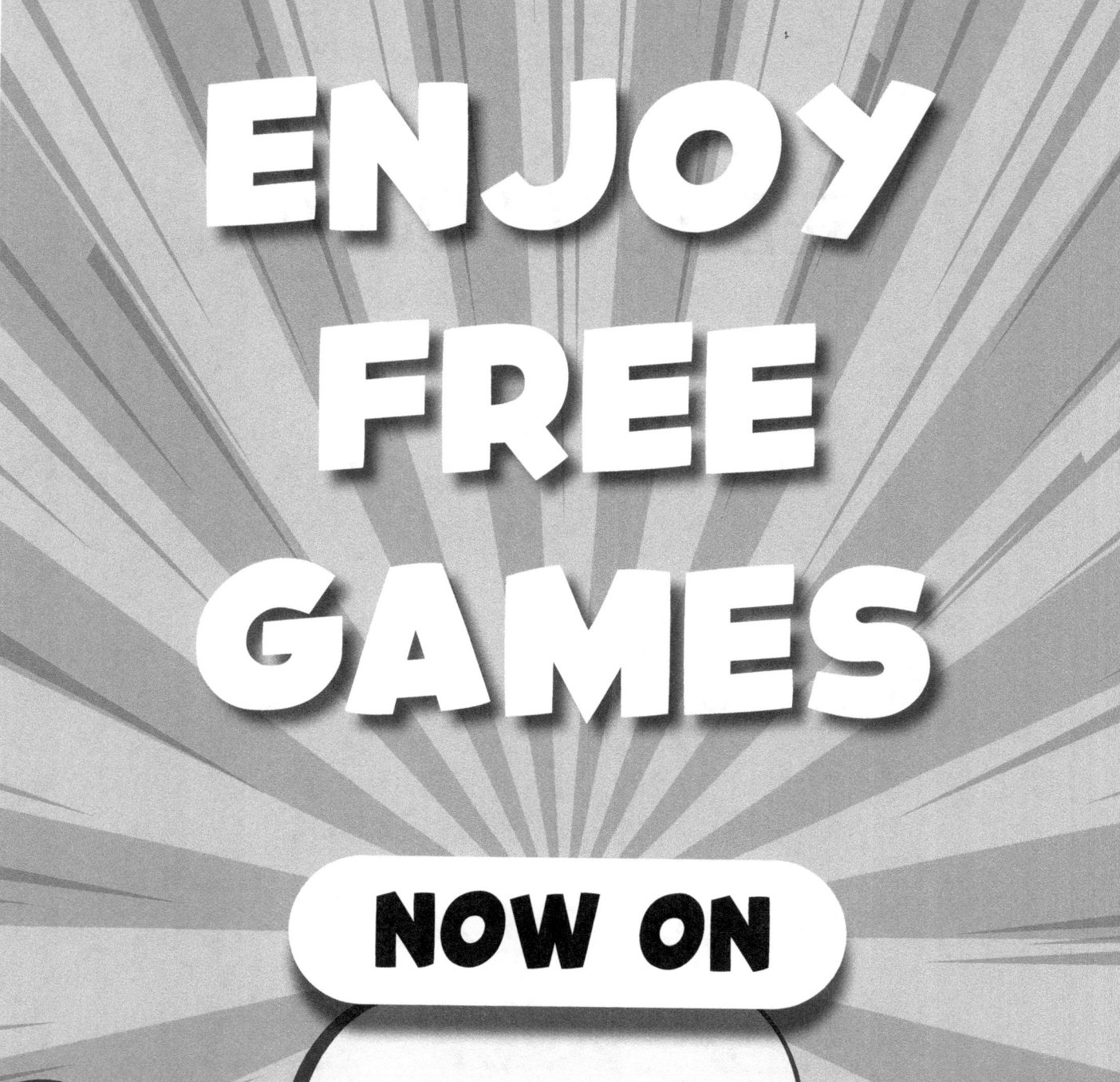

BESTACTIVITYBOOKS.COM/FREEGAMES